논 · 술 · 세 · 계 · 대 · 표 · 문 · 학

39

작은 아씨들

루이자 메이 올콧 | 김회선 엮음

H훈민출판사

미국 오리건 주의 그레이트 호수

The Best World Literature

미국 뉴욕의 거리 – 올콧의 작품에는 미국인들의 긍정적
이고 밝은 성격이 잘 드러나 있다.

올콧 기념관

화려한 크리스마스 트리 – 〈작은 아씨들〉의
얘기는 크리스마스 날로부터 시작된다.

참전 중인 아버지로부터 온 편지를 읽고 있는 작
은 아씨들

미국 요세미티 공원 – 오래 된 침엽수가
빽빽이 우거져 있다.

루이자 메이 올콧

미국 시애틀의 겨울 – 아름답기
로 유명하다.

남북 전쟁 중 최대의 격전이었던 게티즈버그 전투 – 작은 아씨들의 아버지는 남북 전쟁에 나갔다가 부상을 당하였다.

The Best World Literature

뉴욕의 성 패트릭 성당

센트럴파크에서 휴식을 취하고 있는 뉴욕 시민들

구인환(丘仁煥)

서울대학교 사범대학 졸업. 동 대학원 졸업(문학박사)
서울대학교 명예교수, 소설가(현). 서울대학교 사범대학 국어교육연구소 소장(현)
문학과문학교육연구소 소장(현). 국제펜 한국본부 부회장(현)
한국소설문학상(1987). 예술문화대상(1994). 한국문학상(2000)
작품 〈숨쉬는 영정〉, 〈살아 있는 날들〉, 〈일어서는 산〉 외 다수

- **저서** 《한국단편소설의 이해》, 《한국현대소설의 비평적 성찰》,
  《고교생이 알아야 할 소설》, 《고교생이 알아야 할 세계단편소설》 외 다수

윤병로(尹柄魯)

성균관대학교 국어국문학과 졸업. 동 대학원 졸업(문학박사)
성균관대학교 교수, 문학평론가(현). 한국현대소설학회장(현)
한국문예학술저작권협회 이사(현). 한국간행물윤리위원회 위원(현)
한국펜 문학상(1987). 한국문학상(1988). 대한민국문학상(1989)
수필집 《나의 작은 애인들》 외 다수

- **저서** 《현대 작가론》, 《한국 현대 소설의 탐구》,
  《한국 근대 작가 작품 연구》, 《한국 현대 작가의 문제작 평설》 외 다수

홍성암(洪性岩)

고려대학교 국어국문학과 졸업. 한양대학교 대학원 국어국문학과 졸업(문학박사)
동덕여자대학교 교수, 소설가(현). 한국문인협회 회원(현)
한국소설가협회 이사(현). 국제펜 한국본부 소설분과 이사(현). 한민족 문화학회 회장(현)
창작집 《큰 물로 가는 큰 고기》, 《어떤 귀향》 외
대하역사소설 《남한산성》(전9권) 외 다수

- **저서** 《문학의 이해》, 《현대 작가론》, 《한국 근대 역사소설 연구》 외 다수

기
획
·
감
수

흥겹게 춤을 추는 미국의 소녀들 – 〈작은 아씨들〉에
나오는 소녀들이 연상된다.

논술 세계대표문학을 펴내며

21세기의 사회는 '전자 문명 시대'라 일컬어질 만큼 오늘날 전자 산업은 우리 생활의 거의 모든 분야에 다양하게 응용되고 있습니다. 출판 분야 또한 예외는 아니어서, 종래의 서책(Book) 대신에 이른바 '전자책(CD-ROM)'의 출간이 최근 들어 날로 증가하고 있습니다.

그러나 이러한 전자책은 영상 또는 모니터상으로 흥미 위주나 백과사전식 지식을 습득하는 데는 효과적일지 모르지만, 문학 공부를 위해서는 별로 도움이 되지 않습니다. 바꾸어 말하면, 문학 공부는 각 지면마다 살아 숨쉬는 표현 하나하나를 독자 자신의 머리로 음미하면서 작품을 읽어 나가는 가운데, 풍부한 상상력의 배양과 함께 작가의 의도와 그 작품의 내면을 깊이 있게 이해함으로써 이루어지는 것입니다.

이에 훈민출판사에서는, 자라나는 학생들이 범람하는 영상 매체에 길들여지기 전에, 어려서부터 유명한 세계문학 작품들을 책자를 통하여 감명 깊게 읽고 감상함으로써, 올바른 문학 공부의 기틀을 다지고, 아울러 전인 교육도 할 수 있도록 《논술 세계대표문학(전60권)》을 펴내게 되었습니다.

작품 선정은, 초·중·고등학교 국어 교과서와 역사 교과서에 실리거나 소개된 문학 작품을 중심으로 하되, 그리스 신화와 성경 이야기 등의 고전에서부터 중세·근대·현대에 이르기까지 세르반테스·셰익스피어·톨스토이 등 세계 유명 작가들의 장·단편 소설들을 엄선·수록하였습니다. 또 세계의 명시도 별권으로 엮었으며, 특히 각 단락마다 '논술 문제'를 제시하여, 장차 대학입시를 비롯한 각종 '논술 고사'에 예비 지식을 쌓을 수 있도록 배려하였습니다. 아무쪼록, 이 《논술 세계대표문학(전60권)》이 자라나는 학생들에게 문학 공부의 주춧돌이 되고, 나아가 미래를 살아가는 데 정신적 자양분이 되기를 진심으로 바라 마지않습니다.

훈민출판사

차례

작은 아씨들

올 콧

지은이

1832~1888년. 미국 펜실베니아 주 저먼타운에서 출생. 보스턴과 콩코드에서 어린 시절을 보냈다. 저명한 교육자였던 아버지의 영향으로 일찍부터 정치와 사회 개혁에 대한 관심이 많았다. 아버지의 사업 실패로 어린 시절을 가난하게 보내야 했으므로, 재봉사, 가정부, 교사로 일하며 집안의 생계를 도왔는데, 남북 전쟁이 일어나자 연합군 측의 간호사로 일하기도 했다.
첫 작품은 교사로 있을 때 아이들에게 들려주었던 요정들의 이야기를 모은 것이었다. 그 후에 한 출판업자의 제의로 쓰게 된 것이 〈작은 아씨들〉이다. 그 외에도 〈라일락꽃 피는 집〉, 〈병원 이야기〉, 〈조의 소년들〉 등의 작품을 썼다.

작은 아씨들

즐거운 크리스마스

　마치 가의 네 아가씨들은 벌겋게 타오르는 난롯가에 제각기 편한 자세로 모여 앉아 불평을 늘어놓았다.

　"아, 따분해! 남들은 다들 즐거움에 들떠 있는데 우리는 이게 뭐람?"

　둘째 딸 조가 언니와 동생들을 쳐다보며 한숨을 쉬었다.

　"크리스마스에 선물할 돈조차 넉넉치 않다니 비참한 기분이야."

　맏딸 메그가 조의 말에 공감이라도 하듯 중얼거렸다. 막내딸 에미도 언니들의 말을 다 알아들을 수는 없었지만 한 마디 거들었다.

　"어떤 곳에서는 사치스러운 크리스마스를 보내기도 하는데, 우리는 조그만 선물도 가질 수 없다니 신은 공평하지 않은 것 같아."

　얌전이 셋째 딸 베스가 조용한 말로 위로하듯이 말을 건넸다.

　"우리들보다 더 어려운 사람들을 생각해 보는 것은 어떨까?"

　"그게 무슨 뜻이니?"

　베스의 침착함과 여자다움을 좋아하는 조가 다가앉으며 되물었다.

　"저……. 가족들이 없는 사람들도 있잖아. 다정하신 아빠, 포근한 엄마 그리고 우리들……. 이보다 더 큰 행복은 없을 거야."

　순간 난롯가의 환한 불빛과 함께 네 아가씨들의 얼굴에는 웃음이 번졌다. 하지만 행복도 잠깐, 모두의 마음을 짓누르는 것이 있었다.

"하지만 다정하신 아빠는 지금 우리 곁에 없잖아."

조가 아빠의 얼굴을 떠올리며 어두운 표정으로 말했다. 지금 아가씨들의 아버지는 노예 해방을 부르짖는 링컨 대통령을 위해 자진해서 전쟁터에 나가 있었다.

"메그 언니, 아빠는 언제쯤 돌아오실까?"

막내 에미가 맑고 큰 눈에 눈물을 글썽이며 물었다.

"에미, 언제라고 네게 말할 수는 없지만……. 정의로운 것은 반드시 승리한다는 말이 있단다. 아빠는 우리가 기도하며 바라는 대로 반드시 돌아오실 거야."

메그는 그제야 동생들과 함께 우울한 크리스마스에 대해 불평한 것을 마음속으로 부끄럽게 생각하며 한 마디 덧붙였다.

"너희들, 왜 엄마가 크리스마스에 아무런 계획도 세우지 않으시는지 알고 있니?"

"왜 그러시는데?"

"전쟁에 나가 있는 군인들을 생각해서야. 후방에 머물고 있는 우리들이 그들을 생각하지 않고 흥청댄다면 얼마나 미안한 일이니. 난 엄마의 깊은 마음을 이해할 수 있어. 하지만……."

아직은 예쁜 옷과 화려한 장식품에 더 눈길이 가는 메그인지라 동생들에게 이렇게 말은 하고 있지만, 마음 한켠에서는 다른 생각들이 떠올랐다.

마치 가의 맏딸인 메그는 처음 본 젊은 남자라면 누구나 반할 만한 아름다움을 갖춘 열여섯 살의 아가씨였다. 집안이 넉넉치 않기 때문에 킹 씨네 집에서 아이들을 가르치며 집안일을 거들고 있었다.

메그보다 한 살 어린 조는 남자 아이로 태어났으면 좋을 뻔한 아가씨였다. 몸을 치장하고 여성스럽게 행동하는 것을 거북하게 여기고 있지만, 엄마의 충고로 자신의 단점들을 고치려 노력하고 있었다. 조 역시 까다로운 마치 할머니 집에서 말벗이 되어 드리고 얼마간의 용돈을 받고 있었다.

열세 살의 엘리자베스가 본명인 셋째 딸 베스는 집안 식구 외에 다른 사람과 말을 건네는 것을 두려워하는 순진한 아가씨였다. 조와는 반대의 성격으로 다른 사람이 부탁하는 것을 잘 거절하지 못했다. 베스는 자신이 맡은 집안일은 아무런 불평 없이 잘 해냈다.

막내딸 에미는 예쁜 눈과 빛나는 머리카락을 가진 소녀로, 그림 그리기를 좋아하며, 고집스러운 면도 있지만 사랑스러운 아이였다.

어느덧 벽에 걸린 시계가 6시를 가리키고 있었다.

"아, 엄마가 돌아올 시간이 다 된 것 같아."

베스의 나지막한 탄성에 아가씨들의 얼굴에는 이내 잔잔한 미소가 떠올랐다.

바깥에서 돌아오실 엄마를 위해 슬리퍼를 난롯가 근처에 세워 놓던 베스가 자신에게 당부하듯 말했다.

"내게 있는 돈으로 엄마의 새 슬리퍼를 사 드려야겠어."

에미가 베스의 말을 나꿔채며 큰 소리로 말했다.

"안 돼, 엄마의 슬리퍼는 내가 선물하겠어."

메그와 조 역시 양보하지 않겠다는 듯이 한 마디씩 거들었다.

"너희들이 무슨 돈이 있다고?"

"무슨 소리야. 아버지가 떠나실 때 내게 엄마를 잘 돌봐 드리라고 말씀하셨어. 그러니 엄마의 슬리퍼는 내가 사겠어."

자매들이 서로 자기가 하겠다고 나서는 것을 보고 베스가 한 가지 의견을 내놓았다.

"자, 차분히 마음을 가라앉히고 내 말 좀 들어 봐. 어차피 이번 크리스마스에는 선물을 하지 않기로 했지만, 엄마를 위해서만 간소한 걸로 선물을 한 가지씩 준비하는 것이 어떨까?"

"야아, 정말 좋은 생각이다."

조가 환호성을 지르며 찬성했다.

"그럼 각자 어떤 것을 선물할지 말해 보자."

잠시 침묵이 흐른 뒤, 네 아가씨들은 각자 선물할 물건들을 말했다.

"집안일을 하느라 거칠어진 엄마의 손을 조금이라도 보호하는 데 도움이 될 따뜻한 장갑을 선물할 테야."

"그럼 난 튼튼한 군인용 덧신을 사 드릴 테야."

장갑을 드리고 싶다는 메그의 말에 조는 어린 소녀처럼 즐거워하며 말했다.

"나는 한 땀 한 땀 정성스럽게 수놓은 손수건을 드릴 테야."

그냥 지나칠 뻔한 크리스마스 선물을 엄마에게 드릴 수 있다는 기쁨에 얼굴까지 붉어진 베스가 말했다.

"이제 내 차례네. 나는 엄마가 좋아할 만한 식탁에 놓을 예쁜 꽃병을 고르겠어."

아가씨들은 생각지도 않은 크리스마스 선물을 받게 될 엄마의 놀라는 얼굴을 상상하니 그 시간이 기다려졌다.

또 예전에도 해 왔듯이 연극을 준비하는 것으로 크리스마스의 따분함을 메우기로 했다.

잠시 후, 엄마가 돌아오자 아가씨들은 저녁 식사 준비를 도와 분주하게 움직였다. 예전에 마치 집안이 번성했을 때부터 함께 살았던 하녀인 해너 할머니가 지친 엄마를 위해 아가씨들에게 부엌일을 거들도록 시켰던 것이다.

12월 25일, 크리스마스 아침이 밝았다.

아가씨들은 우당탕 계단을 내려오며 엄마를 찾았다.

"엄마, 엄마!"

메그, 조, 베스, 에미의 손에는 각각 다른 종류의 책이 한 권씩 들려 있었다. 엄마가 네 아가씨들을 위해 간밤에 몰래 베개 밑에 넣어 둔 것이었다.

"조금 전에 어디론가 나가셨어요."

해녀 할머니가 아가씨들을 돌아보며 말했다.

"아침부터 말씀도 없이 나가시다니요?"

"사실은 이른 아침에 구걸하러 온 사람이 있었어요. 마님께서는 그 사람과 잠시 이야기를 나눈 뒤 사는 형편을 보고 오겠다고 하시면서 따라나섰어요."

인정 많은 마치 부인은 넉넉치 않은 살림살이였지만 어려운 사람들을 보면 조그만 정성으로라도 그들을 도와주었다.

결국 마치 부인과 네 아가씨들은 그들의 아침 식사를 불쌍한 여인과 여섯 명의 아이들에게 나누어 주고 빵과 우유로 아침을 때웠다.

오후가 되자 아가씨들은 엄마를 위한 크리스마스 선물을 예쁘게 포장하고 카드를 쓴 뒤 엄마를 거실로 모셔 왔다. 베스의 낡은 피아노 소리를 들으며 네 딸의 진심 어린 카드와 선물을 건네받은 엄마의 눈가에 눈물이 글썽였다.

마음이 흡족한 하루를 보낸 그들은, 저녁 식탁에 둘러앉았을 때 눈앞에 벌어진 광경을 보고 벌린 입을 다물지 못했다.

"엄마, 이게 어떻게 된 일이에요?"

저녁 식탁에는 먹음직스러운 음식들이 잔뜩 차려져 있었고, 식탁 중앙으로는 아름답고 진귀한 생화가 놓여 있었다.

"좁은 굴뚝으로 산타 할아버지가 다녀가신 건가요?"

아직 소녀 티가 가시지 않은 에미가 주위를 두리번거리며 물었다.

"아니."

"그럼 마치 할머니께서 성탄절을 위해 보내신 건가요?"

조는 이렇게 내뱉으면서도 그 구두쇠 할머니가 그럴 리가 없다는 듯 고개를 갸우뚱거렸다.

"이제 엄마가 이야기해도 될까?"

아가씨들은 귀를 바짝 들이댔다.

"사실은 우리 이웃집에 사는 로렌스 할아버지가 보내 주신 거야. 해너 아줌마로부터 우리가 불쌍한 사람들을 위해 아침을 나누어 주었다는 이야기를 들으시고 기특하다며 보내 주신 거란다."

"로렌스 할아버지는 무서운 분 같았는데……."

조는 그 집에 살고 있는 자기 또래의 남자 아이를 몇 번 본 것이 머리에 떠올랐다.

'그 애는 착하고 예의가 바른 것 같은데 어딘지 어두워 보여. 다음에 혹시 만나면 인사말이라도 건네야겠어.'

이웃집 소년

조는 다락방에 틀어박혀 소설을 읽고 있었다. 그 주위로 생쥐 한 마리가 오르락내리락 돌아다녔다.

메그가 밤색 머리카락을 흩날리며 상기된 얼굴로 들어왔다.

"조, 기쁜 소식이 있어!"

책 속에 빠져 있던 조는 방해꾼이 나타난 것을 귀찮아하며 무표정한 얼굴로 되물었다.

"예쁜 옷이라도 생긴 거야? 난 그런 것에 흥미 없어."

무뚝뚝한 조 앞에 메그는 종이 한 장을 쑥 들이밀었다.

"글쎄, 가디너 부인이 그 집 파티에 너와 나를 초대했어. 아, 난 벌써부터 흥분이 돼."

메그는 초대장을 두 손에 쥐고 떠들어 댔다.

"아, 파티복은 어떤 걸 입어야 할까? 장갑은 어떻게 할까? 한 손에는 끼고 나머지 한 짝은 들고 있는 것이 좋겠지. 머리에 꽂는 핀은 무슨 장식으로 해야 어울릴까?"

조는 메그의 들뜬 마음에 찬물을 끼얹듯 내뱉었다.

"드레스가 몇 벌이나 된다고 그런 걱정을 해? 장식품도 선택할 여지가 없잖아. 몇 개 되지도 않으면서……. 하기야 그래도 언니는 나보다 낫지. 달랑 한 벌뿐인 내 파티복은 그나마도 얼룩이 져서 형편 없어. 게다가 장갑도 변변치 않고 말야."

"조, 숙녀라면 파티에 나가 예의도 익히고 사람들과 자주 만나야 해."

메그는 조를 설득한 뒤 가디너 부인에게 서둘러 답장을 보냈다.

저녁을 먹고 난 메그는 조에게 머리 손질을 부탁했다.

"조, 앞머리를 약간 잡아서 애교머리를 만들어 줘."

"언니, 근사하게 해 줄 테니 그 난롯가에 달군 집게나 건네줘."

잠시 후, 불안한 마음으로 조에게 머리를 맡긴 메그의 입에서 괴성이 튀어나왔다.

"악! 이게 뭐야? 어쩐지 무언가 타는 냄새가 난다 했더니……."

메그의 머리카락은 불에 너무 달궈져 그만 타고 말았다. 베스와 에미가 언니들의 이러한 법석을 지켜보다가 해결 방법을 일러 주었다.

"언니, 걱정할 것 없어. 잘려진 머리 근처에 머리 장식을 올리고 짧은 머리는 앞으로 슬쩍 내려."

작은 소동이 있은 후, 두 아가씨는 깔끔한 차림으로 집을 나섰다. 조는 메그의 걸음걸이가 편치 않아 보여 걱정스러운 듯이 물었다.

"언니, 혹시 발을 삐기라도 한 거야?"

"사실은 신고 있는 구두가 너무 작아서 발이 아파 죽을 지경이야."

조 같으면 당장 벗어 버릴 작은 구두를 메그는 파티를 위해 아픔을 참으며 신고 있었다.

파티가 시작되자, 메그는 아픈 발을 잊은 듯 열심히 춤을 추기 시작했다. 하지만 언니의 춤을 구경하며 커튼 뒤에 서 있던 조는 시간이 지날수록 흥미가 없어졌다. 편히 쉬기 위해 파티장을 돌아다니며 이곳 저곳을 기웃거리던 조는 적당한 곳을 찾아 냈다. 안으로 들어서서 문을 닫으려는 순간, 인기척이 느껴졌다.

"실례가 됐군요."

조가 당황하여 돌아서려는데, 낯익은 음성이 들려왔다.

"혹시, 마치 가의 아가씨가 아닌가요?"

발길을 멈추고 뒤돌아보니 다름 아닌 이웃집 소년 로렌스였다.

"여기는 어쩐 일인가요?"

"초대를 받아 이 곳에 왔지만 내게는 별로 어울리지 않는 자리 같아 쉴 곳을 찾고 있었어요."

조는 몇 번 마주친 적이 있는 이 소년에게 왠지 마음이 끌렸다.

"참, 덕분에 근사한 성탄절 저녁을 보냈어요."

"저 역시 할아버지로부터 아가씨들의 선행을 듣고 감동했어요."

래리라고 불리는 이 소년과 이야기를 나누는 동안, 조는 로렌스가 자신과는 동갑내기이고 여러 나라를 여행한 경험이 있다는 사실, 지금은 대학 진학을 준비하고 있다는 사실을 알게 되었다.

작은 구두 때문에 더 이상 춤을 출 수 없게 된 메그는 조를 찾기 위해 파티장을 두리번거리고 있었다. 래리와 왈츠를 추고 있던 조 역시 심상치 않은 얼굴로 두리번거리고 있는 언니를 발견했다.

"언니, 어떻게 된 거야? 얼굴이 창백해 보이는데."

"아, 조! 여기 있었구나. 아무래도 발목에 이상이 생긴 것 같아. 어디 쉴 만한 곳을 찾아 주겠니?"

조는 언니를 소파가 있는 작은 방으로 부축한 뒤 서둘러 무언가를 구하려고 방을 나섰다.

"무슨 일이죠? 제가 도움이 될 만한 일이라도 있을까요?"

로렌스가 물었다.

"래리, 언니가 몸이 좋지 않아 마실 것과 얼음이 필요해요."

"여기 커피와 아이스크림이 조금 있습니다."

래리는 자신이 먹으려고 했던 접시를 선뜻 내밀었다.

땅거미가 지고 밖이 어둑할 즈음, 두 아가씨는 래리가 타고 온 마차를 얻어 타고 집으로 돌아올 수 있었다.

베스와 에미는 근사한 마차를 타고 돌아온 언니들을 보고 황홀한 듯 파티에서 있었던 일을 귀를 쫑긋 세우고 들었다.

다음 날 날이 밝자, 메그와 조는 해너 할머니가 만들어 준 파이 한 조각씩을 도시락으로 들고, 각자의 일터로 가기 위해 집을 나섰다.

"아, 어제는 너무 즐거웠어. 하지만 다시 매일같이 반복되는 일상으로 돌아오게 됐으니……. 킹 씨네 개구쟁이들과 씨름할 생각을 하니 인생이 다시 서글퍼져."

"불쌍한 우리 언니, 조금만 기다려. 내가 유명한 작가가 되면 언니가 원하는 것을 무엇이든 다 해 줄 테니까."

"호호호, 그럼 나는 너만 믿고 있을게."

동생의 장난기 어린 위로의 말에 메그는 움츠렸던 가슴을 펴고 한바탕 웃어제꼈다. 갈림길에서 언니와 헤어진 조는 서둘러 마치 할머니 댁으로 걸음을 옮겼다.

고집쟁이 마치 할머니를 별로 좋아하지 않던 조가 이 곳에서 일을 하기로 했던 가장 큰 이유는 엄청나게 큰 서재에 있는 책들이 마음에 들었기 때문이다. 자질구레한 일을 옆에서 거들기도 하고 할머니 곁에서 꼼짝 않고 책을 읽어 드리는 일은 거북했지만, 남는 시간에 원하는 책을 마음껏 볼 수 있다는 사실이 조에게는 큰 매력이었다.

'아버지를 대신해서 언니와 내가 엄마를 도와 약간의 돈이나마 마련할 수 있으니 참 다행이야.'

조는 어렴풋이나마 책임감이라는 단어를 실감할 수 있었다.

학교를 그만 둔 베스는 낡은 인형 몇 개와 새끼 고양이들을 보물처럼 여겼고, 그녀의 유일한 즐거움은 낡은 피아노를 치는 것이었다.

'나도 언젠가는 아름다운 소리가 울려 나오는 피아노를 갖고 싶어.'

유일하게 학교에 다니고 있는 에미는 그럭저럭 학교 생활에 적응하며 지냈다. 에미 역시 학교에서는 배우지 못한 여러 가지 일들을 언니들에게 배우고, 아름답고 참을성 있는 작은 숙녀가 되고자 노력했다.

저녁때가 되자 아가씨들은 온기가 서린 난롯가에 모여 앉아 바느질을 했다. 손을 부지런히 움직이면서 여느 때처럼 오늘 하루를 보내면서 느꼈던 일들에 대해 이야기했다.

"언니, 오늘 이웃에 사는 로렌스 할아버지를 봤어. 그런데……."

웬일인지 베스가 먼저 말문을 열었다.

"어머, 어디서 만났니?"

래리에게 관심을 가지고 있는 조가 재촉했다.

"생선 가게에서 구걸하러 온 여인이 쫓겨나는 것을 보고는 생선을 사서 그 여인에게 건네주셨어."

"로렌스 할아버지는 가끔씩 우리들을 놀래키는 일들을 하시네. 항상 무뚝뚝하고 인정이라고는 없을 것 같아 보이던데……."
아가씨들이 하는 말을 듣고 있던 엄마가 한 마디 거들었다.
"사람이란 겉모습만 보고 알 수 없는 거란다. 너희들 외할아버지와
로렌스 할아버지는 친구였는데, 래리의 아버지가 집을 나가기 전까지
는 아주 자상한 분이셨다고 들었어."
엄마가 들려주는 새로운 사실을 아가씨들은 숨을 죽이고 들었다.
"래리의 엄마는 음악을 몹시 사랑하는 분이셨고, 로렌스 할아버지는
이를 용납하지 않으셨어. 래리의 부모님께서 모두 돌아가시고, 이 곳
으로 손자를 데려오신 후로 이웃들과 발길을 끊으신 거야."
"그래서 래리의 얼굴이 어딘지 모르게 어두워 보였구나."
조는 안타까운 마음이 들었다.

로렌스 할아버지 댁의 방문

하늘이 잔뜩 찌푸린 어느 날 아침이었다.
"야, 눈이다! 언니, 바깥 좀 봐."
막내 에미가 외쳤다.
아가씨들은 하던 일을 멈추고 창가로 우르르 몰려들었다.
"어쩐지 눈이 올 것 같더라니……."
"저렇게 새하얀 눈을 보면 마음이 설레고 기분이 좋아져."
"맞아. 언니들, 우리 나가서 눈사람도 만들고 눈싸움도 하자!"
에미는 말을 마치자마자 외투를 걸치고는 장갑을 찾기 시작했다.
오랜만에 맞아 보는 눈은 모두를 들뜨게 만들었다. 아가씨들은 깔깔
대며 눈을 뭉쳐 굴리기도 하고 마당 안을 여기저기 뛰어다녔다.
어느덧 눈이 그치자, 조는 삽을 들고 마당으로 나섰다.

"어디 가는 거야?"

메그가 조의 등뒤에서 소리쳤다.

"마당 안에 쌓인 눈들을 한쪽으로 치우려고."

치우는 김에 작은 길의 눈까지 쓸고 있는 조의 콧잔등에 땀이 송글송글 맺혔다. 구부렸던 허리를 펴며 기지개를 펴는 순간, 조의 눈 안에 이웃집 소년 래리가 이층 창가에 서 있는 모습이 보였다.

기운이 없어 보이는 래리가 불쌍하다는 생각과 함께 엄마께서 들려주신 래리의 부모님 이야기가 생각나 큰 소리로 래리를 불렀다.

"이봐요! 래리."

그의 주의를 끌기 위해 삽자루를 든 양 손을 휘두르는 조를 본 래리가 함박웃음으로 대답해 주었다.

"오늘같이 눈 오는 날 집 안에 있으면 어떻게 해요?"

"나가 놀고 싶지만 몸이 좋지 않아요."

"그럼 내가 병문안을 가도 되겠어요?"

뜻하지 않은 조의 말에 래리는 잠시 주춤했다. 하지만 이내 밝은 얼굴로 대답해 주었다.

"지금 당장 올 수 있어요?"

래리의 초대에 뛸 듯이 기쁜 조는 엄마께 허락을 얻으러 집 안으로달려들어갔다.

잠시 후, 로렌스 집 앞에는 정성 어린 선물 몇 가지를 손에 든 조가 벨을 눌렀다. 문이 열리고 하녀 한 명이 의아한 눈길로 조를 맞았다.

"누구를 찾아오셨는지요?"

"안녕하세요? 이웃에 사는 조라고 합니다. 로렌스 도련님의 초대를 받고 왔습니다."

곧 집 안으로 들어온 조는 밖에서 바라보기만 하던 멋진 저택을 이렇게 구경할 수 있게 되어 날아갈 듯한 기분이었다.

"조, 이렇게 와 줘서 고마워요."

두리번거리던 조 앞에 언제 나타났는지 래리가 와 있었다. 조는 자매들이 준 선물을 래리 앞에 내밀었다.

"이건 메그 언니가 만든 맛있는 젤리, 그리고 이건……."

갑자기 조가 바구니의 보자기를 홀렁 벗겼다.

"하하, 정말 귀여운데."

래리의 웃음이 터지게 한 바구니 안에는 귀여운 새끼고양이 세 마리가 웅크리고 있었다.

"마음에 들었다니 성공이네요. 동생 베스가 아끼는 건데, 래리에게 주고 싶다고 했어요."

"언니 메그는 전에 가디너 부인의 파티에서 봤었고, 베스라면 항상 조심스러운 몸가짐을 하고 있는 아가씨인가요?"

래리의 정확한 추측에 조는 화들짝 놀랐다.

"명랑해 보이는 금발머리 아가씨가 막내 에미, 맞지요?"

"언제 길거리에서 만난 적이라도 있어요?"

"사실을 얘기하면 조가 화를 낼 텐데……. 고백할게요. 실은 이 곳에서 마치 가의 거실 안이 훤히 보인답니다. 날이 저물고 불이라도 켜지면 행복한 조의 가족들 모습은 더욱더 빛나 보이죠."

조의 얼굴에 동정의 빛이 어렸다.

"그랬군요. 래리에게 우리 가족의 화목한 광경이 조금이라도 위안이 되었다니……. 참, 그러지 말고 우리 집에 놀러 오는 것이 어때요?"

"조는 정말 마음이 너그럽군요. 할아버지의 허락을 받는 즉시 놀러 갈게요."

조의 활달함은 래리의 내성적인 성격을 감싸 주었고, 두 사람은 많은 이야기를 나눌 수 있었다. 조는 마치 할머니 댁에서 일을 하며 겪었던 우스운 이야기들, 래리가 듣고 싶어하는 가족의 재미난 일, 조가 꿈꾸는 미래에 대해 시간 가는 줄 모르고 이야기했다.

"조, 서재에 가 볼래요? 할아버지는 지금 집에 계시지 않으니까 마음 껏 책을 구경할 수 있을 거예요."

모든 것이 잘 갖추어진 서재에는 갖가지 종류의 책이 서로 뽐내면서 자리를 잡고 있었다.

"래리는 참 좋겠어요. 이렇게 많은 책을 가지고 있으니 말이에요."

조는 부러움에 찬 눈길로 래리를 바라보았다. 하지만 래리의 얼굴에는 책이 이 세상의 전부일 수는 없다는 표정이 나타나 있었다.

그 때 현관 벨 소리가 울리더니 하녀가 서재 문을 열고 들어와 래리에게 말했다.

"의사 선생님께서 찾으십니다."

"미안하지만, 여기서 잠시 기다려 줘요."

래리가 조에게 말하고 밖으로 나갔다. 조는 서재의 이곳 저곳을 둘러보며 무슨 책들이 있는가를 꼼꼼히 살폈다. 서재의 한쪽 면에 걸려 있는 로렌스 할아버지의 초상화를 본 조는 이렇게 중얼거렸다.

"얼굴에 나타난 표정은 근엄해 보이지만 어딘지 너그러운 마음이 느껴져. 난 로렌스 할아버지와 친해지고 싶어."

"오랜만에 들어 보는 소린걸. 아가씨, 정말로 그렇게 생각해요?"

사람 소리에 화들짝 놀란 조가 급히 돌아섰다. 어느 새 나타났는지 로렌스 할아버지가 미소 띤 얼굴로 서 계셨다.

조는 놀란 가슴을 진정시키고 인사를 드렸다.

"아가씨를 보니 아가씨의 외할아버지 모습이 떠오르는군. 아주 좋은 분이셨지. 앞으로도 자주 우리 집에 놀러 와 주겠어요?"

"어머, 정말 그래도 돼요? 전부터 래리와 친하게 지내고 싶었어요."

"그럼, 아가씨는 성격이 활발하니 우리 래리와 잘 어울릴 수 있을 거야."

로렌스 할아버지는 조와 래리가 즐겁게 대화하는 모습을 지켜보면서 마음속으로 흡족해했다.

"조, 온실 구경하지 않을래?"

조와 래리는 이제 오랜 친구처럼 편하게 말하는 사이가 되었다.

온실 안에는 조가 이제까지 구경하지 못했던 진귀하고 아름다운 꽃들이 무성하게 피어 있었다.

"정말 아름답다. 저 꽃의 이름은 뭐니?"

래리는 조에게 일일이 꽃 이름을 말해 주었다. 조가 예쁜 꽃들에 정신이 팔려 있을 때, 래리는 여러 가지 꽃들을 꺾어 꽃다발을 한 아름 만들었다.

"자, 우리 집을 방문한 기념이야."

"고마워. 언니와 동생들이 무척 좋아할 거야."

순간 집으로 돌아가기 위해 복도를 지나는 조의 눈길을 끄는 것이 하나 있었다.

"근사한데……. 래리, 나를 위해 피아노 연주를 해 줄 수 있니?"

"숙녀가 원한다면 기꺼이!"

장난기 어린 래리의 말과 함께 곧이어 감미로운 소리가 흘러나왔다. 조는 그 소리에 취해 꼼짝 않고 서 있었다.

"와, 굉장해. 래리는 정말 피아노를 잘 치는걸!"

그 때 로렌스 할아버지가 다가와서 톡 쏘는 듯이 말했다.

"아가씨는 이제 그만 집으로 돌아가는 것이 좋겠어. 래리는 피아노를 치는 것보다 다른 배워야 할 것들이 많아."

래리도 얼굴색이 변하며 서둘러 피아노 앞에서 일어섰다.

로렌스 할아버지께 인사를 마친 조가 래리에게 살짝 물었다.

"무슨 일이지? 너그러우시던 할아버지 안색이 갑자기 별로 좋아 보이지 않으시니……."

"조는 실수한 게 없으니 걱정하지 마. 오랜만에 피아노 앞에 앉아 보았어. 할아버지는 내가 음악에 관심 가지는 걸 싫어하시거든."

조는 엄마께 들은 이야기가 생각났다.

'아, 음악가이신 래리 엄마와의 결혼을 반대하셨다고 했지. 왜 그랬을까? 나는 어른들의 마음을 잘 모르겠어.'

현관에서 래리와 작별 인사를 하고 마당을 가로질러 집으로 들어서는 조는 어깨가 으쓱했다.

조가 이웃집을 다녀온 뒤 여러 가지 이야기를 늘어놓자, 아가씨들은 나름대로 아름다운 집을 상상했다.

끝으로 조의 이야기가 피아노에 이르자, 베스가 바짝 다가앉았다.

"언니, 정말이야? 로렌스 할아버지네 피아노가 그렇게 대단해?"

"응, 내가 이제까지 본 것 중 제일 크고 제일 아름다운 소리를 내는 것 같아."

"아, 래리가 정말 부러워. 그 피아노를 한번 쳐 볼 수 있다면……."

조는 문득 생각나는 것이 있어 엄마에게 물었다.

"그런데 할아버지는 래리가 피아노 치는 것을 별로 달가워하지 않는 눈치셨어요. 혹시 엄마는 짐작가는 일이라도 있으세요?"

"아마도 탐탁치 않게 여겼던 음악가인 며느리 때문일 거야. 로렌스 할아버지는 아들의 결혼을 반대하고 나섰지만 집을 나간 아들은 그녀와 결혼을 했지. 그 뒤로 할아버지는 래리 아버지와의 인연을 끊고 사셨어. 두 분이 다 돌아가신 뒤로 어린 래리와 함께 살게 된 로렌스 할아버지는 래리가 엄마의 재능을 이어받은 게 싫으신 거야."

"아, 그랬군요."

조는 이제야 모든 것을 이해할 수 있었다.

"엄마, 부탁드릴 게 있어요. 래리와 친절한 로렌스 할아버지를 우리 집에 초대해도 될까요?"

"물론이지. 엄마도 로렌스 할아버지와 이야기를 나누어 본 지가 한참 되었구나."

베스는 할아버지네 집의 멋진 피아노를 쳐 보고 싶었다.

행복한 베스

그 뒤로 조와 래리는 활발한 만남을 가졌다. 래리는 원래 사람들과의 만남을 좋아하지 않았으나, 마치 가의 네 아가씨와 어울리는 것은 몹시 즐거워했다.

하지만 가정교사 브루크 씨는 요즘 들어 공부하는 것을 게을리 하는 래리를 걱정했다.

"로렌스 씨, 래리가 좀 이상해진 것 같습니다."

"하하하, 자네 말이 맞을지도 모르겠군. 요사이 사람들과 어울려 이야기하고 노는 데 열중해 있으니 말이야."

완고한 로렌스 할아버지는 오히려 호탕하게 웃으며 아무 일도 아니라는 듯 태연했다.

"너무 걱정 마시오. 지금은 래리에게 저런 것이 더 필요할지도 모르니까. 선생은 래리의 얼굴이 한층 밝아진 것을 모르겠소?"

"그렇기는 합니다만……."

베스를 제외한 마치 가의 아가씨들은 조의 덕분에 자연스럽게 이웃집에 드나들 수 있게 되었다.

얌전이 베스도 조를 따라 그 집에 간 적이 있었으나, 자신을 아는 체하는 로렌스 할아버지의 굵직한 음성에 그만 도망쳐 나오고 말았다.

"조 언니, 다시는 그 집에 가지 않을 테야."

베스는 래리의 피아노를 구경하고 싶었지만, 무서운 얼굴의 로렌스 할아버지를 자연스럽게 대할 용기가 나지 않았다.

조를 통해 베스의 이야기를 전해 들은 할아버지는 마치 가를 찾았을 때, 베스에게 되도록 온화한 얼굴로 대하려고 신경을 썼다.

로렌스 할아버지는 엄마와 함께 이런 저런 대화를 많이 나누었다.

"요사이 댁의 따님들 덕택에 우리 래리가 많이 밝아진 듯하여 고맙게 생각합니다."

"별말씀을요. 우리 아이들도 래리와 함께 스케이트를 타거나 여러 나라의 여행담을 듣는 것을 좋아한답니다."

분위기가 무르익자, 베스는 언니들의 등뒤에 살그머니 숨어서 할아버지의 이야기를 듣고 있었다.

이를 눈치챈 로렌스 할아버지가 마치 베스를 위한 배려인 듯 뜻밖의 말을 했다.

"마치 부인, 부탁드릴 일이 있습니다."

"어머, 제게요? 제가 도와 드릴 수 있는 일이라면 좋겠네요."

"래리는 요사이 피아노 연주에 별로 흥미가 없는 듯합니다. 그래서 말인데……."

로렌스 할아버지는 래리가 피아노 근처에 가지 않는 것을 다행으로 여기는 눈치였다.

"사용하지 않는 우리 집 피아노를 누군가 다루어 주었으면 하는 바람입니다. 피아노란 그냥 내버려 두면 안 되는 물건이라서……."

베스의 귀에는 로렌스 할아버지의 다음 말은 들리지도 않았다. 단지 할아버지네 그 멋진 피아노를 다른 사람이 사용했으면 한다는 그 말만이 머릿속에 가득 찼다.

마치 부인은 로렌스 할아버지의 의도를 알아채고는 베스 쪽을 쳐다보았다. 결정은 네가 하는 것이라는 암시와 함께 물끄러미 눈길을 보내신 것이다.

엄마의 격려에 힘입은 베스가 용감하게 할아버지 앞으로 나섰다.

"저……. 괜찮으시다면 제가 그 피아노를 사용해도 될까요?"

"물론이지."

단숨에 허락해 주시는 할아버지의 대답에 베스는 뛸 듯이 기뻤다. 할아버지가 가시고 난 다음 베스는 평소와는 달리 온 집 안을 뛰어다녔다.

"이제 난 아무것도 부러울 것이 없어."

베스는 자매들은 말할 것도 없고 평소에 소중히 여기던 인형을 붙들고 이야기하거나 고양이를 안고 빙빙 돌았다.

"호호호!"

베스는 너무 흥분되어 잠이 오질 않았다.

'아, 내일이면 그 근사한 피아노를 만져 볼 수 있다니, 꿈만 같아.'

뒤척이며 잠을 못 이루던 베스는 다음 날 아침이 되자 부리나케 거실로 나갔다.

"안녕히 주무셨어요? 그런데 엄마, 어젯밤 꿈을 꾸었어요."

"그래, 우리 공주님이 무슨 꿈을 꾸었지?"

"꿈 속에서 아주 근사한 피아노를 연주했어요."

베스는 평소답지 않게 아침부터 호들갑을 떨더니, 아침을 먹는 둥 마는 둥 집을 나섰다.

로렌스 댁 정문에서 망설이던 베스는 집 뒤로 돌아 옆문으로 들어갔다. 조를 따라온 기억을 더듬어 피아노가 있는 곳을 찾았다.

할아버지와 래리는 외출을 하고 집에 없었다. 할아버지가 나가시면서 하인들에게 일러 두었는지, 어느 누구도 베스에게 뭐라고 하지 않았다.

베스는 멋진 피아노를 조심스럽게 쓰다듬으며 뚜껑을 열었다. 잠시 후 아름답고 잔잔한 피아노 소리가 래리의 집 전체에 살며시 퍼졌다.

그 뒤로 베스는 틈만 나면 할아버지 댁을 찾아 피아노를 치곤 했다.

"엄마, 요즘 난 너무 행복해요. 사람이란 항상 은혜를 베풀어 준 사람들에게 감사하는 마음을 가져야 한다고 하셨지요?"

"그래, 우리 베스 정말 착하구나."

"그래서 내가 로렌스 할아버지께 해 드릴 수 있는 일이 무얼까 생각해 봤어요. 예쁜 팬지 꽃을 수놓은 덧버선을 만들어 드릴까요?"

"기특하구나. 엄마도 베스가 덧버선을 잘 만들 수 있도록 도와줄게."

다른 사람을 배려하는 마음이 이만큼 커진 셋째 딸을 바라보는 마치 부인은 행복감에 젖었다.

그 날부터 베스는 한땀 한땀 정성스럽게 수를 놓기 시작했다. 며칠 뒤, 마침내 덧버선이 완성되었다.

메그 언니의 도움을 받아 예쁘게 포장한 베스의 선물이 로렌스 할아버지의 서재에 살며시 놓여졌다.

선물을 두고 온 뒤부터 베스는 할아버지의 반응이 궁금해서 안절부절 못했다.

'내가 무슨 실수라도 한 건 아닐까?'

애를 태우고 있는 베스의 마음과는 달리 로렌스 할아버지는 보낸 선물에 대해 아무런 말도 하시지 않았다.

하루가 지나고 그 다음 날, 베스는 해너 할머니의 심부름을 하고 돌아왔다.

집 안으로 들어서는 베스를 조가 달려들며 와락 껴안았다. 영문을 모르는 베스의 눈에 작은 피아노가 한 대 놓여 있는 것이 보였다.

"베스, 래리네 할아버지께서 너에게 선물하신 거야."

눈이 휘둥그레진 베스는 피아노 앞으로 다가가 확인해 보았다. 거기에는 분명 '엘리자베스 마치 양에게'란 카드가 놓여 있었다.

　엘리자베스 마치 양에게

　먼저 선물을 보내 준 데 대한 답장이 늦어져 미안해요. 이렇게 직접 만든 선물을 받아 본 지가 얼마 만인지 모르겠군요. 게다가 내가 가장 좋아하는 꽃을 수놓아 주었으니⋯⋯.

　고마운 마음을 표현할 길이 없어 우리 집에 있던 작은 피아노를 보내니 부디 거절하지 말고 받아 주면 정말 기쁘겠어요.

　　　　　　　　　　　영원한 친구, 로렌스 할아버지

베스를 대신하여 편지를 읽던 조는 마치 자신이 선물을 받은 양 호들갑을 떨었다.

"저 피아노는 로렌스 할아버지가 매우 아끼시는 물건이야. 세상을 떠난 딸이 치던 피아노래."

베스는 조의 말을 듣고 엄마를 돌아다보았다.

"엄마, 제가 저 선물을 받아도 될까요?"

"베스, 엄마의 생각을 듣고 싶니?"

베스는 말없이 고개를 끄덕였다.

마치 부인은 조용히 대답해 주었다.

"남에게 무조건 도움을 받는 것은 옳지 않은 일이지. 하지만 다른 사

람의 호의를 무시해서도 안 되는 법이란다. 엄마는 베스가 로렌스 할아버지의 아름다운 마음을 받아 줬으면 하는데."

이 때 에미가 메그에게 귓속말로 물었다.

"언니, 호의가 무슨 뜻이야?"

"후후, 그건 다른 사람을 생각하는 착한 마음이란다."

베스는 엄마의 허락을 듣고 너무 기뻤지만, 자신이 당장 해야 할 일은 잊지 않았다.

"엄마, 나 할아버지 댁으로 가서 감사의 인사를 전하고 싶어요."

"그러렴."

해너 할머니와 아가씨들은 베스의 대담한 행동에 그만 할 말을 잃고 말았다. 평소의 베스답지 않았기 때문이다.

두려운 것이 모두 없어진 듯 베스는 어느 새 할아버지 댁 서재 앞에 서 있었다.

들어오라는 낯익은 음성이 들려오자, 베스는 로렌스 할아버지께 감사의 인사를 했다.

"할아버지, 뭐라고 감사의 인사를 드려야 할지……."

베스는 목이 메어 더 이상 말을 이을 수가 없었다. 할아버지가 베스를 살짝 안아 주자, 베스는 어디에서 그런 용기가 났는지, 주름살투성이인 할아버지 뺨에 키스를 했다.

아가씨들은 이웃집 현관이 내다 보이는 창가에 몰려 나와 베스가 나오기만을 기다렸다.

"야, 베스다!"

그런데 베스의 모습을 바라본 아가씨들은 한동안 말을 잃었다. 이제까지의 베스의 모습과는 영 딴판이었기 때문이다.

베스는 로렌스 할아버지 곁에 붙어 서서 무슨 이야기인가를 나누며 연신 웃어 대고 있었다.

"굉장한데! 베스에게 저런 면이 있었다니."

조와 에미의 다툼

에미는 학교 생활에 그럭저럭 적응해 가고 있었다.

그런데 하루는 에미가 메그에게 와서 하소연을 했다.

"메그 언니, 요즘 고민이 생겼어."

"무슨 일인데?"

메그는 마치 하늘이 꺼지듯 한숨을 내쉬는 막내 에미가 귀엽고 사랑스러웠다.

"사실은 요즘 우리들 사이에서 라임(즙이 많이 나고 신맛과 향기가 있어 그대로 먹거나 주스나 양념으로 먹기도 하는 열매)이란 절인 식품이 인기거든. 난 친구들에게 계속 얻어먹기만 하고 한번도 사 준 적이 없어."

"그럼 우리 에미도 친구들에게 한턱 써야겠구나."

메그는 자신의 용돈을 털어 에미에게 건넸다.

"에미, 우리는 넉넉한 형편이 아니니 아껴 써야 한다. 알았지?"

"고마워, 언니."

다음 날 학교로 향하는 에미의 발걸음이 여느 때보다 가벼워 보였다. 에미의 가방에는 친구들에게 나누어 줄 라임이 가득 들어 있었다.

싱글벙글하며 교실로 들어선 에미는 수업이 시작하기 전에 친구들에게 라임을 꺼내 보이며 자랑했다.

하지만 그 날 일어날 일에 대해서는 그 누구도 예측할 수 없었다.

에미를 미워하던 반 친구 스노가 데이비스 선생님에게 에미가 라임을 가지고 온 사실을 고자질했다.

그 날따라 선생님은 몸이 좋지 않아 신경이 예민해져 있었다.

"잘 들어라. 라임 같은 불량 식품은 학교에 가져오지 말라고 항상 말했다. 그런데 내 말을 어기고 행동한 학생이 있어 본보기를 보이도록 하겠다."

선생님의 엄한 말소리에 교실 안은 찬물을 끼얹은 듯 고요했다.

'혹시 내가 라임을 가지고 있는 것을 알고 계시는 걸까?'

에미는 두려움에 떨고 있었다.

"에미!"

"옛?"

"가지고 온 라임을 이리 가지고 와라."

잔뜩 화가 나 있는 선생님에게 변명할 사이도 없이 에미는 라임 뭉치를 들고 앞으로 나갔다.

선생님은 에미에게 라임을 한 개씩 창문 밖으로 던질 것을 명령했다. 하지만 선생님의 벌은 여기서 끝나지 않았다.

"에미, 선생님은 약속을 지키지 않는 사람을 제일 싫어한다. 두 손을 앞으로 내밀어."

데이비스 선생님은 지나치리만큼 화를 내며 여린 에미의 손바닥을 때리기 시작했다. 이제 에미의 눈앞에는 아무것도 보이지도 들리지도 않았다. 마치 가의 막내둥이 에미는 이제까지 매를 맞아 본 적이 없는 자존심 강한 아가씨였다.

"에미, 저쪽으로 가서 서 있거라."

선생님의 마지막 벌은 에미의 기분을 엉망으로 만들기에 충분했다. 자신의 얼굴 표정은 비참함에 빠져 있는데, 친구들 앞에서 그 모습을 적나라하게 보여 주라니 도저히 참을 수 없었다.

하지만 솟구치는 화를 꾹 참고 선생님의 벌을 모두 견뎌 냈다.

"그만 자리로 들어가라!"

자기 자리로 돌아온 에미는 휴식 시간이 되자, 가방을 챙겨 미련 없이 교실을 떠났다. 다시는 이 곳으로 돌아오지 않을 것처럼 보였다.

어떻게 집으로 돌아왔는지 모를 정도로 에미는 제정신이 아니었다. 엄마와 언니들은 학교에서 있었던 일을 듣고 깜짝 놀랐다.

"어휴, 이 손 좀 봐. 빨갛게 부어올랐네."

메그가 소독약을 가지러 간 사이 조는 흥분해서 어쩔 줄 몰랐다.

"에미, 걱정하지 마. 그까짓 학교는 다시 가지 않는 게 좋을 거야. 세상에 여학생을 때리고, 거기다 모멸감까지 주다니!"

조는 주먹을 공중에 휘두르며 에미를 위로했다. 베스는 눈에 눈물이 가득 고인 채 에미를 가볍게 안아 주었다.

"내 생각에도 선생님께서 지나치신 것 같다. 물론 네가 잘했다는 뜻이 아니야. 선생님이 학생을 다루는 방법이 틀렸구나. 에미, 앞으로 어떻게 했으면 좋겠니?"

엄마가 물었다.

마치 부인은 어떤 문제라도 본인의 생각을 가장 중요하게 생각하고 존중해 주었다. 나이가 아무리 어릴지라도.

"엄마, 학교를 옮겼으면 좋겠어요."

"그래?"

마치 부인은 에미가 생각보다 큰 충격을 받았다는 사실을 깨달았다.

"당분간 학교를 쉬면서 아버지와 편지로 의논해 보자꾸나."

"고마워요, 엄마. 내일 아침 학교갈 생각을 하니 끔찍했거든요."

"하지만 공부를 그만두라는 소리는 아니니, 베스와 함께 정해진 시간에 공부하도록 해라."

다음 날, 조는 마치 가를 대표하여 데이비스 선생님을 만났다. 엄마가 보내신 편지를 들이밀고는 보란 듯이 에미의 짐을 챙겨 가지고 나왔다. 조는 버릇없이 굴지 말라는 엄마의 신신당부가 있었기 때문에 이 정도에서 참아야 했다.

햇살이 따스한 토요일 오후였다. 에미는 심심하여 이층으로 올라가 보았다. 메그와 조가 무언지 재미있게 얘기하다가 에미가 들어서자 입을 다물어 버렸다. 언니들은 어딘가에 갈 모양이었다. 에미는 언니들이 자기에게 감추는 비밀이 있는 것 같아 뾰로통해졌다.

"메그 언니, 내게도 말해 줘."

에미는 최대한 애처롭게 메그에게 매달렸다. 아마도 마음씨 착한 메그 언니라면 그 비밀스러운 곳에 자신도 끼워 줄지 모른다는 기대로 말이다.

"알 필요 없어. 어차피 너는 데려가지 않을 테니까."

"나도 대강 눈치채고 있어. 어제 저녁부터 왠지 수상하다고 느꼈어. 래리 오빠와 함께 〈일곱 성의 비밀〉이란 연극을 보러 가려는 거지?"

"어머, 얘 좀 봐. 뻔뻔스럽기도 하네. 다 알면서 언니에게 가르쳐 달라고 졸랐으니 말이야."

조가 혀를 차며 톡 쏘아붙였지만, 메그는 은근히 웃음이 나왔다.

"메그 언니, 베스는 인형하고만 노느라 나는 갑갑해 죽겠어. 〈일곱 성의 비밀〉은 나도 보고 싶었어. 나도 데려가 줘."

메그는 마음이 약해져 조에게 눈짓으로 같이 가도 되는지 물었다.

"안 돼. 이 연극은 자리가 정해져 있어. 게다가 초대 받지 않은 에미가 따라간다면 래리가 결국 자리를 양보할 텐데, 그런 부끄러운 짓을 어떻게 해?"

"그렇지만 에미가 저렇게 애원하는데?"

"언니, 에미는 나중에 해너 할머니나 베스와 함께 가면 될 거야. 그러니 신경 쓰지 않아도 돼."

조는 에미가 떼를 쓰는 것이 밉기도 하거니와 에미가 재잘대는 소리에 연극을 제대로 볼 수 없을 거라는 생각에 강경하게 말했다.

마침 거실에서 래리가 부르는 소리가 들려왔다.

"언니, 늦겠어. 어서 내려가자."

메그는 곧 울음을 터뜨릴 것 같은 에미를 내버려 둔 채 조의 손에 이끌려 밖으로 나갔다. 에미는 더 이상 매달릴 수 없다고 여겼는지 언니들의 등뒤에서 소리를 질렀다.

"조! 나도 더 이상 참지 않겠어."

"그러렴."

조 역시 쌀쌀맞게 내뱉었다.

연극은 아주 재미있었다. 화려한 의상과 함께 아름다운 춤이 일품이었다. 극장을 나오면서 조는 은근히 걱정이 되었다.

"메그 언니, 내가 에미에게 너무했나?"

"그래, 조. 너는 갑자기 끓어오르는 성질만 참으면 더할 수 없이 좋은 아인데……."

"에미가 화 많이 났을까? 게다가 내 뒤통수에 대고 지껄이던 말이 심상치 않아."

"걱정하지 마. 에미가 아직 어려서 그래. 설마 무슨 일이야 저질렀을라고."

이렇게 대답하는 메그였지만 혹시나 하는 생각은 있었다. 에미 역시 아직 어린데다가 성질도 조에 뒤지지 않아 주체할 수 없는 일을 가끔씩 저지르곤 했기 때문이다.

집에 도착한 두 자매는 에미의 눈치를 살폈다. 베스는 언니들에게 오늘 본 연극 이야기를 해 달라고 졸랐으나, 에미는 언니들을 본체만체했다.

조는 서둘러 이층으로 올라갔다.

'에미가 이대로 가만 있을 애가 아니야. 저렇게 얌전히 있는 걸 보니 더 수상한걸.'

자신의 물건이 있는 곳을 여기저기 살펴보던 조는 일단 안심했다. 하지만 마음 한구석은 여전히 꺼림칙했다.

'어쩐 일일까? 차라리 저번처럼 내 옷장을 뒤집어 놓았다면 이렇게 불안하지는 않을 텐데.'

저녁 무렵이었다.

"메그 언니, 혹시 내 원고 어디에다 치웠어?"

조는 자신이 쓰고 있던 원고 뭉치가 보이지 않자 울상이 된 얼굴로 내려왔다.

"아니, 난 다락방에 들어간 적이 없는데? 다시 한 번 잘 찾아 봐."

"지금까지 계속 찾다가 나왔는걸."

조는 그제야 의심되는 사람이 있어 에미 쪽으로 눈길을 돌렸다.

"에미, 바른대로 말해. 그렇지 않으면……."

"난 본 적도 없어."

에미는 시치미를 뗐다. 하지만 조는 그 말을 믿지 않았다. 원고가 없어진 것은 분명한 사실이고, 자매들 중에 그런 짓을 할 사람은 에미밖에 없었다.

"오전의 일 때문에 내 원고를 숨긴 것이라면, 내가 사과할 테니 어서 돌려 줘."

"흥!"

"제발, 에미."

조는 거의 울다시피 에미에게 사정했다. 하지만 에미는 연극 구경에 따라가지 못한 분이 아직도 풀리지 않았는지 꿈쩍도 하지 않았다.

"빨리 내놓지 못해!"

성질이 급한 조도 참을 만큼 참았는지라 급기야 소리를 질렀다.

"없어. 이제는 없단 말이야!"

"그게 무슨 소리니? 도대체 내 원고를 어떻게 한 거야?"

"씨, 그까짓 글 나부랭이 갖고 뭘 그렇게 씩씩대는 거야. 내가 앙갚음을 하겠다고 한 말 기억 안 나?"

"너, 정말."

"그래, 내가 깨끗이 불에 태워 버렸어."

조는 손을 부들부들 떨며 어쩔 줄을 몰라했다. 아직 엄마가 돌아오지 않았기 때문에 메그와 베스는 이 상황을 수습할 길이 없었다.

"앞으로 다시는 너를 상대하지 않을 거야. 그리고……."

너무 흥분되어 말을 다 마치지 못한 조가 에미에게 달려들어 뺨을 때리기 시작했다. 그제야 메그는 조를 붙들고 진정시키려 했다.

이제 원고는 자신에게 돌아올 수 없다는 사실을 깨달은 조는 에미를 밀치고 다락방으로 뛰어올라갔다.

"흑흑흑, 오늘 아침에야 비로소 완성한 내 소설을 없애 버리다니. 에미는 나에게 너무 큰 시련을 줬어."

조는 자신의 분신과도 같은 소설을 없애 버린 에미를 다시는 보고 싶지 않았다.

거실에서 조 언니에게 사정없이 뺨을 얻어맞고 난 에미는 분한 마음에 소리 내어 울기 시작했다.

"메그 언니, 내가 그렇게 잘못한 거야? 엉엉엉."

"그래 에미, 네가 큰 실수를 한 거야. 너도 알다시피 조는 그 소설을 쓰느라 밤을 새운 적도 여러 날 있었잖니. 겨우 완성한 원고를 아무 생각 없이 불살라 버리다니⋯⋯."

메그와 베스는 얻어맞고 쓰러진 에미를 위로할 수 없었다.

결국 마치 부인이 오고 난 뒤에야 일이 수습되었다.

"엄마 생각에도 에미가 잘못한 것 같구나. 입장을 바꾸어 놓고 생각하면 어떻겠니? 너의 가장 소중한 물건을 조가 없애 버린다면 어떤 기분이 들겠어? 그 원고는 조가 자신의 미래를 걸고 있는 거라는 걸 너도 잘 알잖니?"

"죄송해요. 너무 화가 나서 조 언니를 골탕먹이고 싶었어요. 엄마, 언니가 제 사과를 받아 줄까요?"

에미는 언니들과 엄마의 얘기를 듣고 자신이 굉장한 실수를 했다는 사실을 깨달았다. 하지만 조 언니의 방으로 가서 잘못을 비는 일이 두려웠다. 아직도 조는 자기 방에 틀어박혀 한 발자국도 나오지 않고 있었다.

영영 방에서 나올 것 같지 않던 조는 저녁 식사 종이 울리자 거실로 내려왔다. 에미는 조의 모습이 보이자 긴장했다.

"조 언니, 내가 잘못했어. 다시는 이런 일이 없도록 할게."

"흥!"

조는 찬바람이 이는 차가운 얼굴로 에미를 쳐다보려고도 하지 않았다. 에미는 무안했으나 다시 한 번 용서를 빌었다.

"언니의 마음이 풀어질 때까지 용서를 빌게."

"이제 소용없어. 네가 그런다고 원고는 다시 돌아오지 않아."

조의 쌀쌀맞음에 에미도 더 이상 용서를 빌 생각이 없어졌다. 아니 오히려 자신이 그렇게 큰 잘못을 한 것 같지도 않았다.

에미와 조의 사이가 서먹해지자 집안 분위기도 우울해졌다. 잠자리에 들기 전에 마치 부인이 조를 위로하며 타일렀다.

"조, 네 마음은 이해할 수 있어. 하지만 이제 어쩌겠니? 가족을 미워하는 마음은 오래 가지고 있을수록 서로에게 상처가 된단다."

"하지만 엄마, 지금 당장은 에미의 용서를 받아들이고 싶지 않아요. 내 마음을 속이고 싶지 않아요."

"우리 조가 마음이 많이 상했구나."

"죄송해요."

엄마는 조의 뺨에 살짝 입을 맞추며 잘 자라는 인사를 했다.

그렇게 며칠이 흘러갔지만 조와 에미는 아직도 냉전 중이었다. 전과 같지 않은 집안 분위기에 따분함을 느낀 조는 래리와 스케이트를 타러 가기로 약속을 했다.

"메그 언니, 나갔다 올게."

조가 메그에게 소리치며 밖으로 나갔다.

"벌써 며칠째야? 아직도 화가 나 있는 상태니. 아예 내가 옆에 가는 것조차도 싫어하니 도대체 나보고 어떻게 하라는 거야?"

에미는 조가 나가는 것을 보고 투덜댔다.

"지금이 화해할 수 있는 좋은 기회야. 조가 래리와 어울리며 기분이 좋아진 순간 다시 한 번 용서를 빌어 봐."

메그가 에미에게 방법을 일러 주었다.

에미는 스케이트를 들고 조의 뒤를 쫓아 강가에 도착했다.

'흥, 저 악마가 왜 여기 나타난 거야. 내게 용서를 빌러 온 모양이지. 내가 순순히 받아 줄 줄 알고? 어림도 없어.'

강가에 먼저 도착한 래리는 스케이트를 신은 뒤 조에게 당부했다.

"여기서 잠깐 기다려. 요새 그다지 춥지 않았기 때문에 혹시 얼지 않은 데가 있나 확인해 볼게."

"알았어. 하지만 다시 이 곳으로 돌아오지 말고 위쪽에서 소리치면 내가 그리로 갈게."

먼저 출발한 래리는 한참을 앞서 간 뒤 뒤돌아보고 소리쳤다.

"조! 한가운데는 얼음이 많이 녹아 있어. 가운데로는 가지 말고 가장자리로 타고 오도록 해."

조는 손을 흔들어 보이며 알아들었다는 시늉을 했다. 그리고 출발하기 전에 뒤를 흘깃 쳐다보았다.

에미는 이제야 스케이트 끈을 매는 중이었다. 아마도 래리의 소리를 못 들었을 것이라고 조는 짐작했다.

조는 상관 없다는 듯이 래리가 있는 곳을 향해 스케이트를 타기 시작했다. 앞서 간 래리를 뒤쫓기 위해 서둘러 얼음판을 지쳐 나갔다.

그 순간이었다. 사람의 비명 소리가 들려왔다.

"살려 줘!"

불길한 느낌이 든 조는 반사적으로 뒤를 돌아보았다. 강 한가운데 빠져 허우적대는 에미가 보였다.

순간 조는 마치 얼음이 된 것처럼 그 자리에 얼어붙고 말았다. 아무 소리도 지를 수 없었다. 번쩍 정신을 차린 조는 울부짖었다.

"래리! 래리!"

고요함 속에 울려 퍼지는 조의 다급한 소리를 들은 래리는 급히 조가 있는 곳으로 내려왔다.

위급한 상황을 알아챈 래리는 침착하게 조에게 일렀다.

"조, 정신 차리고 크고 튼튼한 나뭇가지를 구해 와."

래리는 에미가 빠져 있는 얼음 구멍 근처로 재빨리 스케이트를 타고 나아갔다.

"에미, 이 나뭇가지를 꼭 잡아."

　두 사람은 거의 정신을 잃어 가고 있는 에미를 끌어올리기 위해 모든 힘을 쏟아부었다. 조의 간절한 염원 때문인지 에미는 얼음 구멍에서 빠져 나올 수 있었다.

　"휴, 이제 됐다. 서둘러 집으로 가야겠어."

　조는 자신의 외투를 벗어 에미의 몸을 감싸 주었다. 정신을 잃은 에미를 업고 래리는 부리나케 달렸다.

　어떻게 집에 당도했는지 자신들도 모를 지경이었다. 사람이란 위험한 지경에 이르면 본인들이 생각지도 못할 엄청난 힘이 솟아 나오는 법이니까.

　의사 선생님이 다녀가고 평화롭게 잠든 에미를 바라보고 난 조는 그제야 안도의 한숨을 내쉬었다.

　"조가 오늘 큰일을 해냈구나."

옷이 군데군데 찢기고 여기저기 긁힌 상처로 멍하니 서 있는 조의 어깨를 쓰다듬으며 엄마가 말씀하셨다.

"엄마, 난 정말 나쁜 아인가 봐."

"왜 그렇게 생각하니?"

"사실은 에미가 내 뒤를 쫓아온다는 사실도, 강의 가운데가 잘 얼지 않았다는 사실도 알고 있으면서 에미에게 말하지 않았어요. 에미가 얼음 구멍에 빠진 것은 순전히 저 때문이에요. 만약 에미를 구할 수 없었다면 난 아마도 평생 죄책감에 시달리며 살아야 했을 거예요."

이미 자신의 잘못을 깨닫고 있는 조에게 엄마는 아무 말씀도 하지 않고 꼭 껴안아 주셨다.

"저는 앞으로 어떻게 하면 좋을까요? 저도 모두에게 사랑받는 훌륭한 숙녀가 되고 싶어요."

엄마가 빙그레 웃으시며 말씀하셨다.

"걱정할 것 없다. 엄마도 네 나이 때는 그랬단다."

"엄마도 그랬었다고요? 믿기지 않아요. 엄마는 늘 화를 내지 않는 상냥한 분이시잖아요."

"그렇지 않아. 엄마의 나쁜 마음을 잘 다스려 준 사람이 너의 외할머니와 아버지란다. 엄마도 네게 힘이 되어 줄게. 그리고 신에게 네 마음을 의지한다면 더할 나위 없이 좋을 거야. 신은 약한 우리 인간들을 사랑으로 감싸 주시니까."

엄마의 위로에 조는 괴로웠던 마음이 가라앉는 듯했다.

"조 언니, 용서……."

에미는 꿈을 꾸는 듯 헛소리를 했다.

'에미, 정말 미안해. 그 동안 얼마나 괴로웠으면 헛소리를 다 하니. 이 못난 언니를 부디 용서해 주렴.'

조는 에미가 잠들어 있는 침대 앞에서 자신을 책망하며, 다시는 에미를 괴롭히지 않겠다는 다짐을 했다.

메그의 화려한 변신

4월이 되어 모파트 가의 초대를 받아 휴가를 떠나는 메그는 정신 없이 분주했다.

"아, 이게 꿈일까? 2주일씩이나 그 지겨운 가정교사 일을 하지 않고 화려한 파티를 즐길 수 있다니……."

메그는 파티에 입을 옷과 장신구들을 골라 가면서 여행 가방에 챙겨 넣었다.

"언니는 좋겠다. 난 언제쯤 파티에 초대받아 갈 수 있을까? 게다가 모파트 씨 집은 굉장히 크고 멋지다고 하던데.”

“사실은 나도 이렇게 큰 파티에 가는 것은 처음이야.”

에미는 메그 언니 옆에 바짝 붙어 살짝 물었다.

“아까 엄마가 서랍장에서 무얼 꺼내 주셨어?”

“후훗. 그게 궁금했구나, 에미. 엄마는 내게 비단 양말과 파티에서 들 깜찍한 부채, 그리고 푸른색의 장식 끈을 주셨어.”

“와, 굉장하다!”

마치 부인은 집안 형편이 괜찮았을 때 자신이 쓰던 물건이 언젠가는 딸들에게 필요할 것이라고 여기고 잘 보관해 두었었다.

“메그 언니, 더 근사한 것은 없었어?”

“그 중에 우아해 보이는 비단 옷이 있었지만 내게는 좀 큰 것 같았어. 수선할 시간이 없어서 그냥 내 드레스를 입기로 했어.”

에미가 엄마의 보물들을 알고 싶어하는 눈치여서 메그는 좀더 이야기 해 주었다.

“참, 진주로 만든 장식품도 몇 개 있었어. 하지만 엄마는 아직은 내게 어울리지 않는다고 하셨어.”

사실 마치 부인은 모파트 가의 파티 초대를 달가워하지 않았다. 메그는 부유한 집의 사치스러운 생활을 항상 동경하고 있던 차라 이번 여행의 후유증이 크지 않을까 걱정되었기 때문이다.

하지만 메그는 화려한 파티에 가 보기를 간절히 원했고, 그 동안 가정교사 일에서 쉴 기회가 없었으므로 마치 부인은 이를 허락해 주었다.

다음 날 아침, 메그는 엄마와 동생들에게 작별 인사를 하고 서둘러 마차에 올랐다. 모파트 가에 당도하자, 메그는 저절로 탄성이 터져 나왔다. 모파트 가의 건물이 마치 그림책에 나오는 성처럼 아름답고 웅장했기 때문이다. 친구인 애니 모파트를 만난 메그는 그녀와 집 안 여기저기를 다니며 구경했다.

'아, 나도 이런 곳에서 살 수 있다면 얼마나 좋을까?'

애니의 집에는 메그가 평소에 갖고 싶던 물건들이 산처럼 쌓여 있었다. 그리고 이 곳에서의 생활이 어느 정도 익숙해지자, 자신의 처지가 한없이 초라해졌다. 이 곳 사람들은 하루하루를 즐기며 사는 듯했다.

'애니 집 사람들은 나와는 다른 세계 사람들 같아.'

드디어 목요일 저녁, 성대한 파티가 열리는 날이 돌아왔다. 하녀 한 명이 화려한 꽃다발을 들고 방으로 들어왔다.

"와, 정말 멋진 선물이야. 도대체 누구에게 온 거야?"

"카드에 메그 아가씨라고 적혀 있어요."

메그는 순간 어리둥절하여 애니를 쳐다보았다.

"여기 꽃다발과 카드를 받으세요. 래리라는 사람이 보냈어요. 그리고 이건 메그 아가씨 어머님이 보내신 편지랍니다."

하녀는 꽃과 편지를 메그에게 건네주고 나갔다.

메그는 순간 우쭐한 기분이 들었다. 래리가 보내 준 꽃은 애니와 그 자매들에게 골고루 나누어 주었다.

"참, 오늘 저녁 메그는 무슨 드레스를 입을 거니?"

"전 한 벌밖에 준비하지 못했어요."

애니의 큰언니인 벨이 묻는 말에 메그는 솔직히 대답했다.

"정말이야? 파티복이 한 벌밖에 없다는 것이?"

애니의 동생 샐리가 이해하지 못하겠다는 투로 물었다.

"걱정할 것 없어. 메그, 내게 어울리지 않는 옷이 몇 벌 있어. 아마 너처럼 흰 피부를 가진 아가씨라면 잘 어울릴 거야."

"호의는 고맙습니다만, 그리고 싶진 않아요."

"메그, 다시 한 번 잘 생각해 봐. 너의 또다른 모습을 볼 수도 있는데 무얼 망설이는 거니? 오늘 저녁 파티에 몸을 치장하는 것은 내게 맡겨. 아주 예쁘게 꾸며 줄 테니까."

메그는 잠시 망설이다가는 결국 허락했다.

화려한 파티 시간이 다가오자, 벨은 메그의 모습을 변화시키기 시작했다. 우선 머리에 힘을 주어 말아 올리고, 여러 가지 화장품을 동원하여 화장을 했다. 허리를 가늘어 보이게 하기 위해 꽉 끼는 속옷에 하녀가 가지고 온 드레스를 입었다.

"아, 숨을 쉴 수가 없어요."

졸라맨 허리 때문에 거북해진 메그가 아픔을 호소했다.

"하지만 파티에 온 다른 아가씨들도 모두 이렇게 하는 걸요."

벨을 돕고 있는 하녀가 조금만 참으라는 듯이 한 마디 거들었다. 다시 귀고리와 목걸이로 멋을 낸 뒤, 향수를 뿌렸다. 마지막으로 하늘하늘한 깃털이 달린 부채와 장갑을 끼워 주었다.

"자, 다 됐어. 거울을 좀 봐."

벨 언니의 말에 메그는 거울 앞으로 걸어갔다. 거울 속에는 예전의 메그라고는 믿기지 않을 화려한 아가씨가 서 있었다.

"아, 내가 아닌 것 같아."

몰라보리만큼 아름다워진 메그는 조금 두렵기도 했지만 마음이 흡족했다. 파티장으로 내려온 메그를 본 사람들이 저마다 한 마디씩 하며 수군거렸다.

"처음 보는 아가씨 같은데, 누구지?"

"메그라고 하는데 마치 집안의 장녀지요. 지금은 집안 형편이 좋지 않지만 명문가였어요. 게다가 로렌스 댁과는 절친한 사이입니다."

모파트 부인은 사람들에게 허풍을 섞어 가며 이렇게 설명해 주었다.

"멋진 숙녀로군요."

"오늘 밤 저 아가씨와 춤을 추고 싶은 남자들이 많겠는걸."

메그는 자신이 마치 공주라도 된 것 같은 착각에 빠졌다. 그 때, 한 신사가 메그에게 함께 춤출 것을 청해 왔다. 달라진 모습의 메그는 묘한 기분으로 파티를 즐겼다.

"마치 부인은 아주 머리가 좋은 여자 같아."

"그게 무슨 말이야?"

"아, 글쎄 로렌스 댁 도련님과 메그를 결혼시켜 형편을 펴 보려 한다지 뭐야. 오늘 밤에도 메그를 만나기 위해 로렌스 댁 도련님이 이 곳에 왔다는군."

황홀감에 빠져 있던 메그의 귓가에 들려온 사람들의 추측은 그녀를 현실로 돌아오게 했다.

'훌륭하신 우리 엄마를 욕되게 하는 말을 저렇게 함부로 지껄이다니……. 그런데, 래리가 이 곳에 와 있다고?'

문득 사람들의 장난감 같은 모습이 되어 버린 자신을 래리가 볼까 봐 메그는 마음이 편치 않았다. 춤을 추며 두리번거리던 메그의 눈과 멀리서 메그의 모습을 지켜보고 있던 래리의 눈이 딱 마주쳤다.

메그는 이제 어쩔 수 없는 일이라 생각하고 래리를 향해 걸어갔다.

"이 곳에서 만나다니, 반가워."

"조의 부탁을 받고 왔어. 언니가 즐겁게 지내고 있는지 알고 싶다고 해서……."

"그랬구나. 그럼 돌아가면 어떻게 이야기할 작정이니?"

"다른 사람을 본 것 같았다고 말할 거야."

래리의 직설적인 말에 메그도 감정이 복받쳤다.

"나도 이제 다 큰 숙녀란 말이야. 한 번쯤은 이렇게 입어 보고 싶었어. 나를 너무 원망하진 마."

"하지만 나는 이런 차림을 한 여자들을 별로 좋아하지 않아."

한 마디로 잘라 말하는 래리에게 무안함을 느낀 메그는 말없이 그 자리를 벗어나 베란다로 나갔다.

"수수하게 드레스를 입은 모습이 보기 좋았었는데……. 오늘 밤은 완전히 딴사람이 되었네."

래리와 말하고 있는 메그에게 소곤거리는 사람들의 소리가 들려왔다.

'아, 내가 잠시 착각을 했구나. 사람들은 나의 어리석음을 비웃고 있어. 이제 그만 집으로 돌아가고 싶어.'

두 손에 얼굴을 묻고 괴로워하고 있는 메그의 어깨에 따스한 손길이 느껴졌다.

"메그, 내가 심한 말을 한 것 같아. 나에게 어여쁜 아가씨와 함께 춤출 기회를 주겠어요?"

래리는 메그가 오늘 밤 자신의 행동을 뉘우치고 있는 듯하여 기분도 풀어 줄 겸 함께 춤출 것을 권했다. 함께 왈츠에 맞추어 춤을 추던 메그는 래리에게 부끄러운 듯 말문을 열었다.

"래리, 이 곳에서의 일은 가족들에게 말하지 않았으면 해. 나도 반성하고 있고 이 곳의 일을 두 번 다시 기억하고 싶지 않으니까."

"그렇게 하지요, 아가씨."

래리도 다시 메그의 허영에 들뜬 옷차림을 책망하지 않았다.

그날 밤, 늦도록 메그는 샴페인을 마셨다. 아마도 자신을 놀림감으로 만든 사람들 앞에서 맨 정신으로 얼굴을 들 수 없었고, 술기운에 얼른 잠이 들어 버렸으면 하는 마음에서였을 것이다. 게다가 2주일 동안 아무런 일도 하지 않고 논다는 것이 생각보다 재미있지만은 않았던 것이다.

다음 날 날이 밝자, 메그는 애니네 집 사람들에게 정중히 인사를 올

리고 그 집을 떠났다. 멀리서 초라하기만 한 자신의 집이 보이기 시작
하자 그렇게 반가울 수가 없었다.

"오늘따라 우리 집이 근사하게 보이는걸. 그전에는 그렇게 볼품 없던
집이 말이야."

사람은 여행을 통해서 잃는 것보다 얻는 것이 더 많은 법이다. 메그
에게도 이번 휴가는 가정이란 소중한 자리를 더욱더 귀하게 생각할 수
있는 기회가 되었다. 집으로 돌아온 메그는 파티에서 보았던 일들을 동
생들에게 재미있게 들려주었다. 자신의 화려한 변신은 빼놓고…….

"하지만 그래도 우리 집이 제일 좋아. 이렇게 편안하고 사랑스런 가
족들과 있으니 말이야."

메그는 파티 이야기를 이렇게 끝맺었다.

"다행이구나. 엄마는 우리 메그가 그런 부잣집을 다녀와서 자신의 생
활에 싫증을 낼까 봐 걱정했었는데."

엄마의 말을 듣는 순간 메그의 얼굴에 잠깐 어두운 빛이 스치고 지나
갔다. 그날 밤, 메그는 엄마의 방으로 가서 드릴 말씀이 있다고 했다.

"메그, 얼굴 표정이 좋아 보이지 않는데, 무슨 일이니?"

걱정스러운 듯 묻는 엄마에게 메그는 파티에서 있었던 일을 모두 털
어놓았다.

"음, 그랬었구나. 하지만 메그는 벌써 자기의 잘못을 깨닫고 뉘우치
고 있는걸……. 괜찮아. 메그는 아직 젊은 아가씨이기 때문에 사치스
런 생활을 동경하는 것은 있을 수 있는 일이야."

엄마는 오히려 메그를 위로해 주었다.

"엄마, 한 가지 더 드릴 말씀이 있어요. 모파트 가의 파티에서 사람들
이 수군거리던 이야기인데……."

메그는 내친 김에 자신이 들은 소문을 엄마에게 이야기했다. 마치 부

인이 로렌스 댁이 돈이 많기 때문에 일부로 딸들을 그 집과 결혼시키려 한다는 등의…….

"세상에! 메그, 네가 마음 고생이 심했겠구나. 사람이란 겉모습을 가지고 판단해서는 안 되는 법인데. 엄마가 그런 몰상식한 사람들이 모여 있는 곳으로 널 보내는 게 아니었는데."

엄마의 얼굴에는 후회의 빛과 딸에 대한 애정이 함께 어려 있었다.

"메그, 그 사람들이 말하는 돈이라는 것이 얼마간은 필요할지 모르겠지만, 우리 인생에서 돈이 전부일 수는 없어. 진정으로 사랑하는 사람이 나타나면 돈이 없다고 선택을 미룰 필요는 없다고 생각해."

"엄마 말씀이 옳아요. 항상 잊지 않고 기억할게요."

이번 여행으로 메그는 성숙한 숙녀가 되는 데 한 발짝 더 다가선 듯했다.

휴가 동안의 깨우침

여름 휴가를 얻은 메그가 집으로 들어서며 소리쳤다.

"야호! 앞으로 석 달 동안은 내 세상이야. 킹 씨네 아이들이 여름 휴가를 떠났어."

조는 벌써 돌아와 소파에 몸을 깊숙이 묻고 쉬고 있는 중이었다.

"조, 너는 언제부터 휴가가 시작되니?"

"휴우, 오늘 마치 할머니가 별장으로 떠나셨어. 하마터면 큰일날 뻔한 일이 있기는 했지만……."

베스는 메그의 옷을 받아 걸고, 에미는 두 언니를 위해 주스를 만들고 있었다.

"마치 할머니 댁에서 무슨 일이라도 있었니?"

궁금한 듯 묻는 메그에게 조는 가쁜 숨을 몰아쉬며 대답했다.

"나는 마치 할머니를 어서 빨리 배웅하고 나만의 휴가를 계획하고 싶었어. 그래서 할머니의 큰 가방과 물건들을 마차에 싣는 것을 부지런히 도왔지."

"그래서?"

에미가 언니들에게 주스를 건네주며 다음 이야기를 물었다.

"내 느낌인지는 몰라도 마치 할머니의 표정이 심상치 않았어. 무언가를 말하려는 듯했어. 나는 마음속으로 '혹시 할머니가 나와 함께 별장으로 가자고 하시는 건 아니겠지?' 하고 생각했어."

"호호호, 조가 겁이 덜컥 났겠구나."

메그는 마치 할머니와 조의 모습을 상상하며 웃어 댔다.

"귀중한 휴가를 재미 없고 완고한 마치 할머니와 보낸다고 생각하니 끔찍했어. 그래서 할머니가 이야기를 꺼낼 틈도 주지 않고 바쁜 척 몸을 움직였어. 그런데 떠날 채비가 끝나고 마차가 막 출발하려고 할 때, 마치 할머니께서 내 이름을 부르시는 거야."

"그래서 무슨 말씀을 하셨어?"

"그 때 마차가 막 출발하려고 했기 때문에 바퀴 소리에 파묻혀 잘 들리지 않았어. 난 안 되겠다 싶어 몸을 돌려 뒤도 돌아보지 않고 뛰기 시작했지."

아직도 마음이 가라앉지 않은 듯 조가 마치 할머니와의 일을 들려주자 아가씨들은 깔깔대며 웃었다. 베스만이 조 언니가 안됐다는 듯이 애처로운 눈길을 보냈다.

"언니들, 이번 휴가는 어떻게 보낼 작정이야?"

"나는 몸을 움직이는 것도 귀찮아. 이번 휴가는 집에서 푹 쉬면서 보낼 작정이야."

메그가 대답했다.

"그럼, 조 언니는?"

에미는 언니들이 이번 휴가를 어떻게 보낼지 궁금했다.

"집에서 그냥 잠이나 자면서 뒹구는 것은 질색이야. 이번 휴가엔 그 동안 읽지 못했던 책을 마음껏 읽을 테야."

"치, 별로 재미있는 계획도 아니군."

에미가 베스에게 말했다.

"언니, 우리들도 이참에 휴가를 갖는 게 어때? 그 동안 공부하느라 우리도 힘들었잖아."

"엄마에게 여쭤 보고 그렇게 하자. 하지만 나는 할 일이 많아. 그 동안 돌보아 주지 못했던 내 사랑스런 인형들에게 신경을 써야 할 것 같아. 옷을 벗겨 빨아야 하고 목욕도 시켜야 하고 여름옷도 몇 벌 장만해야 해."

아가씨들의 옷을 손질하고 있던 엄마를 보며 베스가 말했다.

"허락해 주시는 거죠?"

"그러렴. 얼마 동안은 각자 원하던 일을 해 보렴. 하지만 엄마 생각으로는 그리 오래 가지 못할 것 같구나. 아무런 일도 하지 않고 뒹구는 것이 열심히 일을 하는 것보다 쉽지는 않을 테니까."

"와, 고맙습니다. 절대 후회하는 일은 없을 거예요."

아가씨들은 엄마의 허락까지 받자, 무언가로부터 해방된 듯이 즐거워했다.

날이 밝자, 네 아가씨들의 게으른 생활이 시작되었다. 메그는 늦게까지 침대에서 나오지 않았다. 조 역시 자신이 맡은 집안일을 손도 대지 않았다. 베스와 에미도 꺼내 놓은 물건들을 정리하지 않은 채 어질러 놓기만 했다.

식사도 제때에 하지 않았기 때문에 별로 맛이 없었다. 집안일은 아무도 돕지 않았기 때문에 지저분하기 짝이 없었다.

오후가 다 되어 가자, 메그는 책을 손에 들었으나 흥미가 없는지 얼마 되지 않아 치워 버렸다. 그리고는 근사한 파티를 상상하며 눈을 감았다.

조는 래리와 함께 냇가로 나가 물고기를 잡으며 놀다가 집으로 돌아와 시원한 나무 그늘 밑에서 책을 읽기 시작했다.

베스는 인형 옷을 만들 옷감을 찾기 위해 서랍을 뒤지다가 마음에 드는 색깔이 눈에 띄지 않자 피아노만 두들겨 댔다.

막내 에미는 정원에 있는 자신만의 장소를 찾아 손질하기 시작했다. 그리고는 집에서 가지고 나온 미술 도구를 차려 놓고 예쁜 모습으로 그림을 그렸다. 마치 누군가 자신의 모습을 발견하고 근사하게 칭찬해 주기를 바라면서.

저녁 시간에 한 자리에 모인 아가씨들은 오늘 일을 이야기했다.

"오늘 하루 어땠니?"

엄마가 네 자매를 둘러보며 의미 있게 물으셨다.

"무척 즐거웠어요."

"저도 시간에 쫓기지 않고 읽고 싶은 책을 마음껏 보았어요."

"엄마, 저희들도 원하는 것을 하면서 잘 지냈어요."

아가씨들의 대답을 들은 마치 부인은 빙그레 웃었다. 아가씨들은 사실 오늘 하루가 그렇게 즐겁지는 않았다. 하지만 첫날이라 그런대로 지낼 만했다.

해너 할머니와 엄마는 아가씨들이 손도 대지 않은 집안일을 하느라 힘든 하루를 보냈다.

다음 날, 그 다음 날이 지나자 아가씨들은 점점 노는 일에 싫증이 나기 시작했다. 서로들에게 불평을 늘어놓기 일쑤였으며, 괜한 일로 다투는 일이 많아졌다.

조는 래리를 만나는 날에는 사소한 일로 신경질을 부려 래리를 당황하게 만들곤 했다. 메그는 새 옷을 만들겠다고 시작했으나 가위질을 잘못하여 옷감만 망쳐 버리고 말았다.

베스는 꼭 집안일을 돕겠다고 작정한 것은 아니었지만 가끔씩 해너 할머니를 도와 식사 준비를 거들곤 했다. 하지만 착한 베스도 집안 분위기가 예전 같지 않고 점점 흐트러지자 아끼던 인형들에게 괜히 화를 내곤 했다.

"너는 왜 그렇게 멍하게 있니? 바보, 내 눈앞에서 없어져 버려."

베스는 인형들에게 심한 말을 하고는 던져 버렸다.

막내 에미는 자신에게 주어진 시간들을 어떻게 보내야 할지 몰랐다. 그림 그리기를 좋아하기는 했지만 며칠 동안 계속 그 일만 한다는 것은 무리였다.

"메그 언니, 뭐해?"

"에미, 언니는 지금 무척 바빠."

메그 방에서 쫓겨난 에미는 조에게로 살며시 다가갔다.

"조 언니, 나랑 이야기 좀 해."

"에미, 지금 중요한 대목을 읽고 있는 중이야. 나가 줘."

에미는 인형놀이에 빠져 있는 베스에게 말 붙일 엄두가 나지 않았다. 무료한 시간을 견디지 못해 언니들 방을 기웃거려 보았지만 에미를 상대해 주는 사람은 없었다.

이렇듯 다정했던 자매들은 서로에게 냉정해져 갔다. 이런 생활이 즐겁지 못하다는 것을 차츰 알게 됐지만, 어느 누구 한 사람 인정하려 하지 않았다. 인간이란 타성에 젖게 되면 그 속에서 허우적댈 뿐 빠져 나오려 하지 않는 법이다.

마치 부인은 아가씨들이 스스로 깨닫고 이 생활을 끝내 주기를 바랐지만 그렇지 않음을 알고 실망했다.

'안 되겠다. 이대로 놔 두었다간 아이들 자신에게도 이롭지 못할 거야. 무슨 방법을 찾아야겠다.'

마치 부인은 우선 해너 할머니에게 휴가를 주어 집을 떠나도록 했다. 그런 다음 자신은 집안일에 일체 관여하지 않기로 했다.

다음 날, 메그는 어젯밤에 일찍 잠자리에 들었기 때문에 일찍 눈을 떴다. 주방으로 내려온 메그는 왠지 이상한 느낌이 들었다.

'이 때쯤이면 엄마와 해너 할머니가 부지런히 아침 식사를 준비할 시간인데…….'

고개를 갸우뚱거리며 거실로 나간 메그는 사방을 두리번거렸다.

"해너 할머니!"

하지만 할머니와 엄마의 모습은 보이지 않았다.

'혹시 아직 주무시고 계시는 걸까? 엄마가 주무시는 방으로 가 봐야겠다.'

이층에 계신 엄마의 방을 찾은 메그는 깜짝 놀랐다. 엄마가 아직 침대에 누워 계셨기 때문이다. 메그에게는 이런 엄마의 모습이 생소했다.

"엄마…….."

혹시 아프신 게 아닌가 싶어 조용히 불러 보았다.

"메그니? 들어오너라."

방문을 닫고 안으로 들어간 메그는 침대 곁에 살며시 앉았다.

"어디 편찮으세요?"

"그래, 조금 피곤하구나. 지난 한 주일 동안 너무 바빴어. 오늘 하루만 쉬면 될 것 같은데…….."

"많이 아프신 게 아니라니 다행이에요. 저희들이 다 알아서 할 테니 푹 쉬세요."

"고맙다, 메그."

엄마 방을 나오면서 메그는 무언지 이상하다고 생각했지만 오랜만이라서 그런지 집안일이 그렇게 싫지는 않았다.

메그는 동생들을 깨워 불러모았다.

"아, 언니. 좀더 자면 안 돼?"

에미는 아직 잠에서 덜 깬 듯 눈을 비비며 겨우 일어났다.

"애들아, 내 말 잘 들어. 우리들이 피운 일주일의 게으른 생활 때문에 엄마가 병이 나셨어. 해너 할머니도 휴가를 받아 지금 집에 계시지 않아. 그러니 오늘은 모든 일을 우리가 알아서 해야 해. 무슨 말인지 알겠지?"

"어제 저녁에 엄마를 뵈었을 때 아파 보이지 않았는데……."

베스는 엄마가 걱정스러운 듯이 한 마디 했다. 하지만 조는 무언가 새로운 일을 할 수 있다는 게 좋았다.

"베스, 걱정하지 마. 내가 맛있는 식사를 만들어 엄마에게 갖다 드릴 테니까. 그러면 엄마도 기운을 차리실 거야."

메그는 동생들을 데리고 아침을 준비하기 시작했다. 조는 요리하는 것을 도왔고, 베스와 에미는 양념통을 나르거나 접시를 옮겼다.

드디어 메그가 정성스럽게 차린 상을 들고 이층으로 올라갔다. 조와 에미도 따라 올라갔다.

"엄마, 메그예요."

"들어오너라."

메그는 엄마가 드실 음식을 침대 위에 먹기 좋게 놓아 드렸다.

"수고했다. 그럼 어디 먹어 볼까?"

먼저 찻잔을 들어 차를 마시던 엄마가 잠시 말이 없으셨다. 다음에 구운 과자와 오믈렛을 바라보던 엄마는 살짝 미간을 찡그렸다.

"엄마, 음식이 제대로 되지 않았나요?"

"처음엔 누구나 훌륭한 음식 맛을 내기가 어려운 법이다. 천천히 먹을 테니 그만 나가 보렴."

아가씨들이 방을 나간 뒤, 마치 부인은 음식을 내려다보고 소리 내어 웃었다. 차는 입에 몹시 썼으며 과자는 빵을 부풀리는 분량을 맞추지 않아 제대로 구워지지 않았고, 오믈렛은 너무 익혀 약간 탔다.

식탁에 둘러앉은 아가씨들은 음식이 입에 맞지 않자 불평을 했다.

"메그 언니, 오믈렛 맛이 이상해."

"난 요리가 아주 쉬울 거라 생각했는데."

"해너 할머니와 엄마가 만들어 주신 음식이 그리워."

저마다 한 마디씩 음식에 대해 불만을 늘어놓자, 메그는 난처했다. 이때 조가 제안을 했다.

"점심은 내가 책임질게. 분위기도 바꿀 겸 맛있는 음식을 만들어 먹도록 하자. 게다가 손님도 초대하면 어떨까?"

조는 며칠 전에 래리와 말다툼한 것을 떠올리고, 이번 기회에 화해도 할 겸 래리를 점심 식사에 초대하고 싶었다.

"조, 너 어쩌려고 그러니? 음식 만드는 일에 서투르면서."

메그가 걱정스러운 표정을 지었다.

"걱정할 것 없어. 음식 준비는 내가 다 알아서 할 테니 언니는 그냥 손님 접대만 하면 돼. 우선 식료품 가게에 가서 몇 가지 재료를 사야겠어. 샐러드에 쓸 여러 가지 야채와 새우, 딸기를 사야겠어. 고기와 그 밖의 것은 집에 있으니까 안 사도 되고."

메그는 걱정이 되어 말했다.

"조, 너무 여러 가지 음식을 준비하려고 하지 마. 그리고 음식 만드는 법에 대해 엄마께 충분히 여쭈어 보도록 해."

"언니 말대로 할게. 그럼 래리에게 초대장을 보내고 올게."

조는 래리네 집 우체통에 점심 식사에 초대한다는 글을 적은 초대장을 넣어 두고 돌아왔다.

정원을 가로질러 집으로 돌아온 조는 곧장 이층으로 올라갔다.

"엄마, 물어 볼 것이 있어요."

"그래, 뭔데?"

"오늘 점심 식사에 래리를 초대하기로 했어요. 음식을 제가 맡았는데 무엇부터 하면 좋을까요?"

"조, 엄마는 오늘 집안일에는 아무것도 관여하고 싶지 않구나. 점심 때에는 가 볼 데가 있어서 너를 도와줄 수가 없고."

엄마의 냉정한 태도에 조는 잠시 할 말을 잃었다.

"모두 다 네가 직접 해야 할 것 같다."

의자에 앉아 책을 읽으시던 엄마는 내려 놓았던 책을 다시 주워 들었다. 조는 무엇에 홀린 듯한 기분이 되어 방을 나왔다.

'예전의 엄마 모습이 아니야. 우리가 지난 한 주일 동안 너무 힘들게 해 드려 지치신 게 틀림없어.'

조가 고개를 갸우뚱거리며 거실로 내려왔을 때, 베스가 무언가를 앞에 놓고 훌쩍이고 있었다.

"베스, 왜 그러니?"

"조 언니, 피프가 죽은 것 같아."

피프는 베스가 애지중지하던 카나리아였다. 조는 베스 옆으로 가 피프의 상태를 확인해 보았다.

"불쌍한 베스, 그만 울어."

"나 때문이야. 요새 게으름을 피우느라 피프를 돌보아 주지 않았어. 가엾은 피프……."

베스는 자신을 책망하며 몹시 괴로워하고 있었다. 조는 점심 식사 준비를 위해 장을 보러 가야 했기 때문에 메그 언니에게 베스를 잘 위로해 줄 것을 부탁했다.

음식에 쓸 재료들을 사 가지고 집에 도착해서 주방으로 들어서니 할 일이 태산이었다. 아침에 먹은 그릇들은 아무도 손을 대지 않은 채 그대로 있었고, 오븐엔 불이 꺼져 있는 상태였다.

"휴, 우선 불을 지피고 그릇부터 씻어야겠다."

설거지를 끝낸 조는 음식을 만들기 위해 재료부터 다듬기 시작했다. 하지만 사 온 재료들은 너무 오래 되었거나 작은 것들뿐이었다.

"게다가 야채들은 너무 시들어 버렸네."

하지만 불평만 하고 있을 시간이 없었다. 다듬은 재료들을 데치고 삶기 위해 물을 끓였다.

"어휴, 채소들은 얼마큼 삶아야 되지? 새우 껍질을 벗기는 일도 쉽지 않네."

점심 식사 시간은 다가오는데 제대로 된 음식이 아무것도 없었다. 게다가 엄마는 외출하신 뒤였다.

"그래, 나보다야 메그 언니가 요리에 대해 더 잘 알고 있겠지?"

하지만 메그는 조금 전 찾아온 친구 샐리와 함께 수다를 떠느라 정신이 없었다. 혼자 이리 뛰고 저리 뛰고 하면서 만들어 놓은 음식들은 자신이 보아도 제대로 된 것이 하나도 없는 듯했다.

샐러드의 소스는 맛이 이상했고, 채소는 끓는 물에 너무 삶아 흐물흐물해졌으며, 새우는 껍질을 벗기고 나니 먹을 것이 없을 정도로 작아져 버렸다.

이마에 땀방울이 맺히고 오전 내내 힘들었으나, 조는 이상하게 만들어진 음식들을 보고 그만 땅에 주저앉아 울고 싶었다.

'아, 어쩌면 좋아. 음식을 만든다는 일은 하루아침에 될 수 있는 일이 아니구나. 난 그 동안 엄마가 만들어 주신 음식을 아무 생각 없이, 아니 가끔은 불평까지 하면서 먹곤 했는데……. 또 마음만 먹으면 언제든지 할 수 있는 가장 쉬운 일이 요리라고 생각했는데.'

조는 엄마와 해너 할머니에게 새삼스럽게 감사하는 마음이 생겼다.

'할 수 없지. 정 안 되면 집에 있는 고기와 구워 놓은 빵으로 대신해도 되겠지.'

어느 새 본래의 활발한 모습을 찾은 조는 대강 상을 차려 놓고 식사를 알리는 종을 쳤다. 래리도 벌써 와서 기다리고 있었다.

식탁에 둘러앉은 자매들과 래리는 음식을 먹기 시작했다. 조는 음식을 먹는 사람들의 표정을 살폈다.

예상했던 대로 음식 맛은 엉망이었다. 한 번 손을 댄 접시에는 두 번 손이 가지 않았고, 차려진 음식은 거의 그대로 남았다.

에미는 웃음이 터져 나오는지 손으로 입을 막고 있었고, 메그는 친구 샐리를 돌아보며 울상을 지었다. 래리는 조의 무안함을 감추어 주려는 듯이 재미난 이야기를 들려주며 사람들의 시선을 모았다. 대충 식사를 마친 조는 마지막으로 후식을 준비했다.

'그래, 마무리를 잘하면 돼. 이번 딸기 크림은 실수가 없을 거야.'

그 동안의 실수를 단번에 마무리하려는 듯 조의 입가에 회심의 미소가 떠올랐다. 투명한 유리 접시에 담긴 딸기와 크림은 보기에도 침이 꿀꺽 넘어갈 정도로 맛있어 보였다. 사람들은 각자 자신들에게 분배된 후식을 맛보았다.

하지만 신은 조의 편이 아니었다. 사람들의 얼굴은 식사 때보다 더 일그러졌고, 에미는 급기야 식탁을 떠나고 말았다.

래리를 쳐다보니, 그는 조심스럽게 딸기와 크림을 다 먹고 있었다. 조는 아무래도 심상치 않아 메그에게 물었다.

"언니, 이번엔 또 뭐가 잘못된 거야?"

"조, 어떻게 된 거니? 딸기 맛이 아주 짜구나. 크림은 쉬어 버린 것처럼 시큼하고……."

"어머, 그럴 리가?"

조는 똑같은 양념통에 든 소금과 설탕을 그만 바꿔 넣고 말았던 것이다. 크림은 냉장고에 넣어 두어야 한다는 사실도 잊어 버리고 있었다.

조는 더 이상 그 곳에 있을 수가 없었다. 너무 창피해서 식탁 밑으로 기어들어가고 싶었다.

래리와 눈이 마주친 조는 래리의 어정쩡한 표정에 갑자기 웃음이 터져 나왔다. 웃지도 울지도 못하는 진지한 모습의 래리를 보니 더 이상 참을 수가 없었기 때문이다.

"후후후."

식탁의 분위기가 굳어 있는데, 일을 낸 장본인이 웃음을 터뜨리자 식탁은 금세 웃음바다가 되어 버렸다. 점심 식사는 집에 있는 음식들로 대신하며 막을 내렸다.

사람들이 돌아가고 난 다음, 넷이 함께 식탁을 정리했다.

점심 식사 이후로도 마치 가에 손님들이 몇 명 찾아왔다. 집 안을 깨끗이 치운 아가씨들은 손님들을 위해 차를 준비하느라 바빴다.

저녁때가 다 되어 엄마께서 돌아오셨다. 집 안을 둘러보신 엄마는 흡족한 얼굴로 아가씨들을 칭찬했다.

"내 대신 손님들을 접대하느라 수고가 많았다. 자, 이제 저녁 준비를 해야겠구나."

아가씨들은 누가 먼저랄 것도 없이 엄마를 도와 맛있는 저녁 식사를 했다. 식사를 끝낸 뒤, 그들은 장미꽃이 만발한 정원으로 나가 차를 마셨다.

"난 지금 지옥에서 빠져 나와 천당에 온 것 같아."

조는 엉망이 되어 버린 점심 식사를 기억하며 말을 꺼냈다.

"엄마가 안 계셔서 더 힘든 하루였어."

"너희들 앞으로도 계속 빈둥거리는 생활을 할 작정이냐?"

"이젠 싫증이 나요."

"엄마 말씀이 맞았어요. 아무 일도 하지 않으면서 지내는 일이 괴롭다는 걸 새삼 느꼈어요."

"우리가 게으른 생활을 하는 동안 엄마와 해너 할머니께서 우리들이 해야 할 일을 대신 하셨으니 얼마나 힘드셨어요?"

"그리고 요리와 집안일이 생각만큼 쉽지 않다는 걸 깨달았어요. 시간이 나는 대로 엄마에게 요리를 배우겠어요."

아가씨들은 엄마 없이 지낸 하루 동안 느낀 일들을 진지하게 이야기했다.

"그래, 사람이란 열 번의 말보다 한 번의 실천을 통해 많은 것을 깨닫는 법이야. 오늘 엄마는 너희에게 그런 것들을 알게 해 주고 싶었어."

"엄마, 저도 대강 눈치는 채고 있었어요. 엄마가 일부러 아픈 척했다는 사실을……."

메그와 조는 엄마의 깊은 뜻을 이해했다.

"가정이란 곳을 잘 만들기 위해서는 각자가 맡은 일을 게을리해서는 안 된단다. 그 일이 요리하는 일이 될 수도 있고, 돈을 버는 일이 될 수도 있지. 그 일들이 재미있고 쉽지는 않지만 하다 보면 보람을 느낄 날이 반드시 올 거야."

베스와 에미는 지금 다 이해할 수 있지는 없지만 엄마가 하시는 말씀을 잊지 않으려고 귀담아 들었다.

"엄마, 나는 우선 옷 만드는 일을 배워 보겠어요."

"난 실수를 거울삼아 요리를 해 보겠어."

메그와 조가 말하자 베스와 에미도 한 마디씩 거들었다.

"난 인형놀이에 시간을 너무 많이 빼앗기지 않도록 노력할게요. 그동안 게을리했던 공부도 하고……."

"저도 바느질 연습과 책을 읽도록 할게요."

마지막으로 에미가 말했다.

"너희들 모두 훌륭하구나. 시간이란 함부로 쓰면 나중에 후회할 날이 많아지게 돼. 하지만 가끔 휴식할 시간을 갖는 것도 중요하단다."

엄마가 당부의 말씀을 하셨다.

아름다운 미래를 꿈꾸며

조와 래리가 양쪽 집 앞에 우체통을 만들어 서로의 소식을 전하기로 한 것은 오래 전 일이었다.

그 우체통은 이제 소식을 전하는 일 외에 말다툼을 한 사람들이 화해의 글을 남기거나, 말로 하지 못한 이야기를 글로 적어 넣어 두는 소중한 장소가 되었다. 베스는 사람들에게 편지를 날라다 주는 일을 자신이 할 수 있는 기쁜 일로 여겼다.

후텁지근한 7월 어느 날, 베스는 편지 몇 통과 함께 꽃을 들고 들어왔다.

"이 꽃은 래리가 엄마에게 보낸 거예요."

베스는 꽃을 엄마에게 드린 후, 다시 메그 언니에게 카드와 장갑을 내밀었다. 장갑은 일전에 로렌스 할아버지 댁을 방문했을 때 깜빡 잊어버리고 온 것이었다.

"베스, 장갑이 한 짝밖에 없어?"

"언니, 우체통 안에는 분명 이것밖에 없었어."

메그는 갸우뚱하며 자신에게 배달된 카드를 열어 보았다. 그것은 래리의 가정교사인 브루크 씨가 보낸 것으로 아름다운 시가 씌어 있었다.

"왜 내게 이런 시를 보냈을까?"

메그는 탐스러운 긴 머리를 뒤로 넘기며 의아해했다.

"이 편지들은 조 언니에게 온 거네. 이층으로 올라가서 전해 줘야지."

조는 편지를 배달해 준 베스에게 고맙다고 말하고 서둘러 편지 한 통을 펼쳐 보았다. 먼저 엄마로부터 온 편지를 읽었다.

　　사랑하는 조

엄마는 요사이 네가 보여 준 행동들에 대해 칭찬을 하고 싶구나. 엄마는 자신의 결점을 알고 고치려고 노력하는 네가 자랑스럽다. 무척 화가 날 때는 다시 한 번 생각한 뒤 행동하도록 해라. 엄마가 너에게 들려준 이야기들을 잊지 않고 지켜 주니, 우리 조는 앞으로 멋진 숙녀가 될 수 있을 거야.

항상 곁에서 너를 바라보는 엄마

조는 때때로 갑자기 치밀어오르는 성질을 잠재우기 위해 남모르게 노력을 해 왔다. 그런데 엄마가 이를 눈치채시고 격려의 편지를 보내 주신 것이다.

'엄마 고마워요. 옆에서 늘 바라봐 주는 것만으로도 내게는 큰 힘이 돼요.'

조는 감격의 눈물을 흘리며 편지를 소중하게 가슴에 품었다. 조에게 배달되어 온 또 한 통의 편지는 래리에게서 온 것이었다.

든든한 나의 친구 조에게
내일 우리 집에 손님이 온단다. 언젠가 내가 얘기했었지? 영국 여행 때 알게 된 친구들, 케이트, 그레이스, 쌍둥이 형제인 프레드와 프랭크. 이들이 휴가차 여길 오는데, 너도 함께 어울렸으면 해.
우선 롱메드에 가서 캠프를 할 계획이야. 보트를 타고 그 곳으로 가서 사람들과 어울려 크리켓(방망이로 공을 쳐서 골대에 넣는 게임)을 하거나 게임을 할 작정이야. 밤에는 모닥불을 피워 놓고 한가롭게 이야기도 나누고…….
브루크 선생님과 케이트가 우리들의 보호자가 될 테니, 아무 걱정 말고 언니와 동생들을 데리고 와 줘. 참, 모든 음식 준비는 우리 집에서 장만할 테니 걱정하지 말고.

이웃집 래리

편지를 다 읽고 난 조는 두 손을 위로 치켜들며 환호성을 질렀다.

"언니! 베스, 에미. 신나는 일이 있어!"

계단을 쿵쾅거리며 자매들이 있는 곳으로 내려간 조는 캠프에 초대받은 소식을 모두에게 전했다.

"엄마, 허락해 주실 거죠? 래리와 그 친구들에게 도움이 되도록 최대한 노력하겠어요."

캠프 초대에 벌써부터 흥분되어 가만 있지 못하는 조를 향해 메그가 한 마디 했다.

"래리는 우리와 친한 사이니까 괜찮지만, 그 영국에서 왔다는 사람들은 어떤 사람들이야?"

"글쎄. 나도 잘 모르지만 아마 네 사람쯤 될거야. 여자가 둘, 남자가 두 명이야. 케이트란 여자 분은 아마 언니보다 나이가 많은 것 같아. 그레이스는 에미보다 한 살 정도 어리고, 쌍둥이 형제 프레드와 프랭크는 나와 비슷한 나이야."

"성격은 까다롭지 않은 편이니?"

"래리는 남자 애들과는 마음이 맞는 편이지만, 케이트라는 분은 좀 까다롭다고 했어."

메그는 조의 설명을 듣고 조금 안심이 되는 듯 캠프에 입고 갈 옷을 찾기 시작했다.

"물놀이에 어울리는 시원한 망사옷을 입고 가는 게 제일 좋겠어. 조, 너는 무얼 입을 작정이니?"

"편한 옷이 제일 좋아. 캠프장까지 가려면 보트를 저어야 하니까 간단한 옷을 찾아봐야겠어."

옆에서 언니들의 대화를 듣고 있던 베스는 따라가고 싶기는 했지만, 낯선 사람들과 함께 지내야 한다는 사실에 벌써부터 겁이 났다.

"참, 베스. 너도 함께 가는 거야. 알았지?"

"글쎄, 처음 보는 남자 애들과 어떻게 어울려야 할지 모르겠어."

"그런 걱정은 하지 않아도 돼. 내가 옆에서 도와줄 테니."

에미는 물론 따라가고 싶어 안달이 나 벌써부터 캠핑할 준비를 서두르고 있었다. 조는 자매들을 둘러보며 외쳤다.

"이제부터 집안일을 부지런히 하자. 떠나기 전에 미리 해 두어야 돌아와서도 힘들지 않을 거야."

마치 부인은 딸들이 서로의 일을 의논하고 해야 할 일들을 알아서 하는 것을 보고 입가에 미소를 지었다.

다음 날 날이 밝자, 아가씨들은 아침 일찍 일어나 캠프를 떠날 채비를 했다.

메그는 좀더 아름답게 보이기 위해 틀을 사용하여 머리를 말고 있었고, 조는 여름 햇볕에 까매진 얼굴에 크림을 잔뜩 발랐다. 베스는 인형에게 정성을 쏟고 있었고, 에미는 낮아 보이는 코를 세우기 위해 집게를 꽂아 두고 있었다.

조는 거실로 내려가려다 에미의 모습을 보고 큰 소리로 웃었다.

"하하하. 에미, 네 코가 왜 그래?"

조의 커다란 웃음소리에 자매들은 함께 한바탕 큰 소리로 웃었다.

베스는 일찌감치 떠날 채비를 끝내고 로렌스 할아버지 댁의 동정을 살폈다.

"하인들이 천막과 음식을 담은 바구니들을 옮기고 있는 중이야. 저기 로렌스 할아버지가 나오셔서 하늘을 바라보고 있어. 아마도 오늘 날

씨가 어떤지 살피고 있는 중이신 것 같아. 래리가 그 뒤를 이어 나오고 있어. 마차가 한 대 서 있는데 그 속에 사람들이 많이 탔어."

"어디 나도 좀 보자."

메그 역시 궁금한지 베스가 있는 창문 가까이 다가갔다.

"조의 말대로 남자 두 명과 여자 두 명이야. 어머, 한 남자 아이가 목발을 짚고 있어. 안됐다……. 어머 샐리도 왔네, 아이 좋아."

"메그 언니, 저기 브루크 선생님 곁에 서 있는 신사 분은 누구지?"

"모파트 씨네 장남 네드 같은데. 여행 갔다는 말을 들었는데 여기는 어쩐 일이지?"

메그는 생각지도 않은 사람들이 많이 당도하자, 가슴이 두근거리고 흥분되었다.

"조, 나 좀 봐 줘. 내 옷차림 중 어색해 보이는 데는 없니?"

"근사해 보여. 하지만 약간 비스듬히 쓴 모자는 눈에 거슬려. 강바람에 날아가지 않도록 눌러쓰는 것이 좋겠어."

조는 메그를 한번 쓱 쳐다보고는 벙거지 모자를 썼다.

"어머, 조. 그런 모자는 숙녀에게 어울리지 않아."

"상관 없어. 이 모자는 햇빛을 가리는 데 안성맞춤이고 또, 내가 원하는 스타일이거든."

한바탕 소동을 벌인 뒤 아가씨들은 집을 나섰다. 래리네 집으로 건너온 자매들을 래리는 반갑게 맞아들이고 영국에서 온 사람들에게 일일이 소개해 주었다.

메그는 멀리서 바라본 케이트란 여자가 가까이서 보니 생각보다 편안한 느낌이 들었다. 아마도 옷차림이 화려하지 않고 간소했기 때문일 것이다.

네드는 메그를 보자 환한 웃음을 지으며 다가왔다.

"안녕하세요? 그 동안 보고 싶었습니다."

메그는 네드의 인사말이 싫지 않은 듯 웃음으로 대답했다.

그 동안 베스와 에미도 영국 손님들을 바라보며 누가 자신과 말이 잘 통할지를 살펴보았다.

'저 남자 아이는 몸이 불편하구나. 무척 온순해 보여. 만약 저 애가 내게 말을 걸어 온다면 친절하게 대해 줘야지.'

베스는 이렇게 다짐했다.

'저 여자 아이 이름이 뭐랬지? 그래, 그레이스라고 했지. 나랑 성격이 맞을 것 같아. 무슨 이야기를 하면 친해질 수 있을까?'

에미는 자기 또래의 그레이스에게 호감을 나타내며 눈길을 보냈다.

캠프에서 쓸 물건들은 래리네 하인들이 벌써 옮겨 놓았기 때문에 일행은 홀가분하게 강가로 나갔다.

강가에는 두 척의 보트가 준비되어 있었다. 래리와 조가 한 조가 되고, 브루크 씨와 네드가 한 조가 되어 노를 저었다.

케이트는 처음에는 조가 하는 행동들이 낯설어 보였다. 우스꽝스런 모자를 쓴 것도 그렇지만, 남자처럼 행동하는 것이 이상했다. 하지만 몸을 사리지 않고 열심히 노를 젓고, 편안하게 대할 수 있는 성격에 금방 익숙해졌다.

메그는 브루크 씨와 네드가 노를 젓는 보트에 타고 있었다. 두 신사는 연신 메그의 아름다운 모습을 쳐다보느라 정신이 없었다.

"강바람이 춥지는 않나요?"

"아뇨. 상쾌하고 기분 좋아요."

브루크 씨는 메그에게 가끔 말을 걸곤 했다.

일행이 캠프장에 도착해 보니 텐트가 세워져 있고, 크리켓 할 준비가 되어 있었다.

"와아, 도착했다."

일행은 소리치며 서둘러 보트에서 내렸다. 래리는 손님들을 맞이하는 주인답게 가벼운 인사말을 했다.

"여기까지 오시느라 수고하셨습니다. 우선 짐을 풀고 크리켓 게임을 합시다."

몸이 불편한 프랭크와 아직 어린 숙녀들, 즉 베스와 에미, 그레이스는 풀밭에 앉아 게임하는 것을 구경하며 응원하기로 했다.

미국 팀과 영국 팀으로 나누어 게임을 하기로 했다. 승부욕이 강한 조와 프레드는 게임 도중 자주 충돌했다.

조가 친 공이 골문 안으로 들어가지 않자, 프레드가 연이어 공을 쳤다. 역시 골대를 맞고 살짝 비켜간 공을 프레드는 살짝 밀어넣어 골인을 시켰다.

"저건 반칙이야!"

"무슨 소리! 공이 저절로 굴러들어갔을 뿐이야."

"영국인들은 속임수를 쓰는군. 비겁하게……."

조는 화를 참지 못하고 프레드에게 대들었다.

"말도 안 되는 소리야. 미국인들이 교활하다는 것은 누구나 다 아는 사실이야."

조는 더 이상 참을 수가 없어 싸움을 하려는 순간, 엄마 얼굴이 떠올랐다.

'조, 나쁜 욕을 입에 담을수록 점점 더 자신만 거칠어지게 된다.'

순간 분위기가 험악해졌지만, 별안간 입을 다물어 버린 조가 침착하게 다시 게임을 시작했다.

점수가 거의 동점이 되어 갈 즈음, 조는 케이트가 친 공을 건드리지 않고 마지막 골을 멋지게 골문 안에 집어넣었다.

결국 미국 팀의 승리로 게임은 끝이 났고, 조는 프레드를 향해 점잖게 한 마디 했다.

"미국인은 항상 적을 몰아붙이지 않고 이해하려고 해."

조의 승리를 가장 기뻐한 사람은 래리였다. 손을 높이 들고 환호성을 지르다 자신이 초대한 손님에 대한 예의가 아니라는 사실을 깨닫고 곧 멈췄다.

래리는 조에게로 다가가 살며시 말했다.

"역시 너는 최고야. 내 마음이 다 후련했어. 비겁하게 여자를 속여 놓고는 안 그랬다고 발뺌을 하다니……. 하지만 신은 역시 정의의 편인 것 같아. 결국 네가 승리의 여신이 되었으니까."

메그도 어느 새 조의 곁으로 와 축하해 주었다.

"대단해, 조. 게임을 하던 중에 저 애가 반칙을 했을 때 나도 무척 화가 치밀었어. 하지만 평소의 너답지 않게 잘 참아 냈어."

"그렇지 않아. 나는 아직도 화가 풀리지 않은 상태야. 조금 전에는 되도록 내 성질을 누르느라 있는 힘을 다했지만, 지금 저 애가 내게 대든다면 난 가만 있지 않을 거야."

조의 솔직한 심정을 들은 메그는 조가 얼마나 힘들었는지를 이해하고 어깨를 두드려 주었다.

그 때 브루크 씨가 일행을 불렀다.

"어서 이리로 와요. 식사 준비를 합시다."

일행은 친한 사람들끼리 짝을 지어 천막 밑으로 몰려들었다.

"메그 양과 샐리는 나와 함께 식사 준비를 하고 래리는 불을 피우도록 해. 식사 후에 마실 커피는 누가 맡겠습니까?"

메그는 조를 추천해 주었다. 조는 요즈음 요리에 재미를 붙이고 무엇이든 만들어 보려고 노력 중이었다.

곧이어 야외용 식탁 위에 예쁜 테이블 보가 깔리고 그 위에 잘 차려진 음식이 놓이기 시작했다.

모두가 운동을 한 뒤라 맛있게들 먹었다. 시원한 바람, 아름다운 경치, 좋은 사람들과 하는 맛있는 식사는 나무랄 데 없이 훌륭했다. 가끔 개미와 작은 벌레가 음식물 가까이 와서 방해를 놓았으나 그런 것까지도 즐겁게 느껴졌다.

갑자기 래리에게 장난기가 발동했다.

"조, 여기 소금이 많이 있으니 양껏 먹어!"

"생각해 줘서 고맙지만 사양하겠어."

조가 래리에게 눈을 흘겼다.

두 사람의 대화가 무슨 뜻인지 이해하지 못하는 사람들은 가만히 듣고 있을 수밖에 없었다.

마음껏 먹고 난 일행은 재미있는 게임을 하고 싶어졌다.

"즐거운 놀이라면 케이트 양이 많이 알고 있을 거야. 가서 물어 보자."

케이트는 브루크 씨가 손님으로 온 자신과 많은 이야기를 나눌 줄 알았는데, 메그에게만 눈길을 보내고 있는 것에 속이 상했다.

"그럼 내 말을 잘 들어 봐요. '이야기 이어받기' 라는 놀이인데 먼저 한 사람이 이야기를 하는 거예요. 그 뒤를 이어 다른 사람이 그럴싸하게 이야기를 만들어요. 이렇게 계속 이어가다 보면 아주 엉뚱한 이야기가 될 수도 있고, 때로는 슬픈 이야기가 될 수도 있어요."

케이트 양은 제일 먼저 브루크 씨에게 이야기를 시작하도록 했다.

"옛날 옛날, 한 가난한 기사가 여행을 떠났어요."

이렇게 시작된 이야기는 여러 사람을 거쳐 때로는 막히기도 하면서 이어져 갔다. 하지만 이 놀이에 곧 싫증이 난 일행은 다시 '진실 게임'

을 시작했다. 이 게임의 철칙은 절대로 거짓말을 해서는 안 되는 것이다. 눈치 빠른 브루크 씨와 메그, 네드는 이 놀이에서 빠지겠다고 선언했다.

케이트는 아이들이 노는 곳에서 빠져 나와 미술 도구를 갖추어 놓고 그림을 그리기 시작했다.

"옆에서 구경해도 될까요?"

"상관 없어요."

메그는 케이트에게 허락을 얻고 그녀 옆에 다소곳이 앉았다. 브루크 씨도 그리 멀지 않은 곳에 책을 펼쳐 들고 있었다.

한동안 그녀가 그리는 그림을 바라보던 메그가 한숨을 쉬며 말했다.

"그림에 재주가 있네요. 부러워요."

"메그도 그림에 관심이 있으면 배우세요."

"시간이 부족해요."

"메그의 부모님도 우리 부모님 같으신가 봐요? 저도 부모님이 다른 것을 배울 것을 강요해서 그림 그리는 것을 숨어서 한 적이 있었죠. 하지만 나중에는 제게 소질이 있다는 것을 알고 승낙하셨어요."

"저는 가정교사 노릇을 하느라 그림을 배울 시간이 없어요."

케이트는 메그가 집안에 가정교사도 없는데다가 학교도 다니지 않는다는 사실을 알고 깜짝 놀랐다.

'아, 어쩌지. 내가 너무 솔직했나 봐. 케이트 양은 비웃고 있는 게 틀림없어.'

케이트의 깔보는 듯한 시선을 느낀 메그는 어쩔 줄 몰랐다.

나무 그늘 아래에서 책을 펴들고는 있지만, 두 아가씨의 대화에 더 열중하고 있던 브루크 씨가 재빨리 나서며 변명을 했다.

"케이트 양, 당신은 미국에 대해 잘 모르시는 것 같군요. 미국에서는 여자가 부모님에게 기대지 않고 직업을 얻어 생활하는 것을 자랑스럽게 여긴답니다."

"물론 알고 있어요. 그런 일은 다른 나라 여성도 본받을 만한 일입니다. 하지만 영국에서는 웬만한 가문의 아가씨들이라면 제대로 된 교육을 받은 다음 다른 귀족의 집안에서 일을 한답니다."

브루크 씨는 더 이상 케이트와 말싸움을 하고 싶지 않았다. 그녀는 자신의 주장을 굽힐 생각이 전혀 없는 듯했다.

메그는 갑자기 자신의 처지가 한없이 처량하게 느껴졌다.

"메그 양, 일전에 제가 번역해서 보내 드린 독일 시는 괜찮았습니까?"

어색한 침묵을 깨고 브루크 씨가 메그에게 물었다.

"깜빡 했어요. 고맙다는 인사를 드린다는 것을……."

"독일어를 배우지 않았나요?"

두 사람의 대화를 듣고 있던 케이트가 비꼬는 투로 물었다.

"아버지가 집에 계셨을 때는 배울 수가 있었지만 지금은 멀리 가 계셔서 배울 수가 없어요."

브루크 씨는 자신이 들고 있던 책을 펼쳐 놓으며 메그에게 아는 대로 읽어 보라고 했다.

"글쎄요, 독일어를 접한 지가 오래 되어서……."

브루크 씨는 주눅이 든 메그 곁에서 쉬운 대목부터 짚어 주기 시작했다. 그제야 메그는 떠듬떠듬 책을 읽어 내려갔다.

"잘 했어요."

두 사람이 정답게 독일어를 가르쳐 주고 배우는 모습에 케이트는 그 자리에 머물러 있기가 어색한지 휭 하니 일어섰다.

"앞으로 가정교사 노릇을 계속 하려면 독일어가 필요할 거예요. 난 이제 그레이스에게 가 봐야겠어요."

케이트는 등뒤에 남아 있는 메그와 브루크 씨 두 사람이 들릴 만한 소리로 중얼거렸다.

"치, 얼굴이 조금 예쁘다고 으스대는 꼴이란……. 래리같이 괜찮은 애가 왜 저런 하찮은 집안의 딸과 노는 걸까? 저러다간 결국 래리도 나쁜 물이 들까 염려 돼."

메그는 남이 상처를 받든 말든 하고 싶은 말을 내뱉고 가는 케이트에게 심한 모욕감을 느꼈다.

"메그 양, 케이트의 말을 마음에 담아 두지 말고 잊어버리세요. 영국은 가정교사를 우대해 주지 않아요. 하지만 미국은 달라요. 아주 관대한 편이지요. 남의 말에 신경 쓰지 말고 자신이 맡은 일만 잘해 나가면 됩니다."

브루크 씨는 최대한 메그를 위로해 주려고 노력했다.

"갑자기 가정교사 일이 유쾌해질 수는 없지만 브루크 씨처럼 자부심을 가지려고 노력해 볼게요."

"저도 내년쯤엔 래리의 가정교사 일을 그만두어야 합니다."

"어머, 왜요?"

"래리가 대학에 가거든요. 저는 그 다음에 군인이 되려고 합니다."

"훌륭하신 선택이군요. 물론 가족들에게는 슬픈 일이겠지만."

"그럴까요? 하지만 제게는 걱정해 줄 엄마와 형제들이 없습니다."

메그는 브루크 씨에 대해 많은 것을 알게 되었다.

'그래, 그랬었구나……. 누구에게나 다른 사람이 알지 못하는 슬픔이 있는 법이야.'

착한 메그는 이번에야말로 자신이 브루크 씨를 위로할 차례라고 생각했다.

"많은 사람들이 브루크 씨를 염려하고 있어요. 로렌스 할아버지, 래리 그리고 저……."

"메그 양, 진심입니까? 저를 걱정해 준다는 말이."

어깨가 축 처져 있던 브루크 씨가 갑자기 정색을 하고 되물어 메그를 당황하게 만들었다.

에미는 그레이스와 정답게 대화를 나누고 있었다. 말 타는 것에 대해 서로가 아는 것을 이야기했는데, 뒤에서 잠자코 듣고 있던 프랭크의 얼굴빛이 좋지 않았다.

'내가 가서 이야기해 볼까? 놀이에 참여하지 못해 속상해서 저러는 것 같은데.'

베스는 용기를 내어 프랭크 곁으로 다가갔다.

"저……. 나와 이야기를 나눌 수 있어요?"

"물론이죠. 다른 사람들은 재미있게 노는데 나만 심심했거든요."

"관심 있는 게 뭐죠?"

"남자들이 주로 하는 운동이나 사냥 같은 것에 대해 이야기 듣는 것을 좋아해요."

"난 남자들 놀이에는 별로 관심도 없을뿐더러, 특히 사냥은 해 본 적도 없어요. 프랭크는 혹시 사냥을 해 본 적이 있나요?"

베스는 이렇게 묻고는 후회했다. 프랭크의 다리가 불편하다는 사실을 깜빡 잊은 것이었다.

"전에는 아버지를 따라다니곤 했죠. 장애물을 뛰어넘다가 다리가 이 지경이 되기 전까지는……."

프랭크의 마음을 다치게 했다는 죄책감에 베스는 서둘러 다른 쪽으로 화제를 돌렸다.

"영국의 사슴들에 대해 내게 들려줄 수 있어요?"

베스의 말에 프랭크는 자신이 알고 있는 동물들에 대한 이야기를 재미나게 들려주었다. 베스는 이제 남자 애들과 대화 나누는 일이 그렇게 두렵지만은 않다는 것을 깨달았고, 자신이 몰랐던 부분에 대해 이야기를 나누는 일이 매우 즐거웠다.

"메그 언니, 저길 좀 봐. 베스가 프랭크와 다정하게 이야기를 나누고 있어. 정말 놀랄 일이야."

조가 가리키는 곳을 바라본 메그가 싱긋 웃었다.

"잘 됐구나. 베스는 가족들과 지내는 시간보다 여러 친구들과 대화하는 자리가 필요해."

일행은 몇 가지 놀이를 함께 한 뒤 집으로 돌아가기 위해 짐을 챙겼다. 남자들은 천막 거두는 일을 했고, 여자들은 가져온 짐들의 자잘한 것들을 정리했다.

그들이 집으로 돌아왔을 때, 사방에는 벌써 어둠이 내리고 있었다. 일행은 작별 인사를 하고 아쉬운 듯 헤어졌다.

케이트는 네 자매의 모습을 보고 한 마디 덧붙였다.

"처음엔 잘난 척해 보이는 저 아가씨들이 별로 마음에 들지 않았지만, 시간을 두고 만나 보면 좋을 거란 생각이 들어."

9월로 접어든 어느 날, 래리는 나무 사이에 걸어 놓은 그물 침대에서 뒹굴고 있었다.

"아, 오늘은 기분이 엉망이야."

래리는 하루 종일 짜증과 장난으로 주위 사람들에게 눈총을 받았다. 브루크 씨에게 혼이 나기도 했고, 그 화풀이로 피아노를 사납게 두들겨서 할아버지께 야단을 맞았다.

그래서 하녀와 하인들에게 괜한 트집을 잡아 다그치기도 했다.

'안 되겠어. 아무도 없는 곳으로 가서 좀 쉬어야겠어.'

래리가 쉬기 위해 찾은 곳은 바람이 시원하게 불어오는 나무 그늘 밑에 쳐놓은 그물 침대였다.

그 곳에서 무심히 나무 사이로 비치는 하늘을 보고 있노라니 어느 새 마음이 안정되어 갔다. 한술 더 떠 세계 여행을 하는 공상을 했다.

하지만 그를 현실로 돌아오게 만드는 왁자지껄한 소리가 들려왔다.

'이것은 마치 가의 네 아가씨들이 떠드는 소리가 틀림없어.'

아니나다를까 네 자매가 깔깔대며 문을 나서고 있는 게 보였다. 큰 모자와 배낭을 메고 지팡이까지 든 모습이 마치 순례자 같았다. 네 자매는 그 외에도 각각 물건을 하나씩 들고 집 근처에 있는 작은 언덕으로 향하고 있었다.

'어라, 언덕으로 소풍을 가는 모양인데 내게는 연락도 하지 않다니. 좀 섭섭한데.'

래리는 그물 침대에서 빠져 나와 옷을 갈아입고 그들의 뒤를 쫓았다. 그 사이 아가씨들의 모습은 없어져 버렸다.

래리는 걸음을 빨리 하여 언덕의 꼭대기로 올라갔다. 정상에서 아래를 내려다보며 마치 가의 네 자매를 찾았다.

"아, 저기 있다!"

아가씨들은 커다란 나무 그늘 밑에서 각자 무언가에 열중해 있었다.

'후후, 긴 머리카락을 날리며 열심히 수를 놓고 있는 아름다운 아가씨는 메그일 테지. 땅에 떨어져 있는 것들을 주워 모아 무언가를 만들려는 아가씨는 베스일 테고…….'

래리는 그들을 몰래 엿보는 것이 즐거웠다.

'어, 그런데 조는 어디 있지? 아, 저기 나무 뒤쪽에서 책을 읽고 있는 아가씨가 틀림없어.'

그 곁에서 에미는 풍경화를 열심히 그리고 있었다.

'이제 그만 돌아갈까? 아니야, 분명 오늘 모임은 특별한 의미가 있는 것 같으니 가서 물어 볼까?'

이리저리 생각하던 래리의 발걸음은 어느 새 아가씨들이 있는 곳까지 와 있었다.

"허락도 없이 이렇게 불쑥 나타나서 미안해요. 이 곳에 같이 있고 싶은데."

메그는 난데없는 래리의 출현에 깜짝 놀랐다. 조가 래리의 무안함을 감싸 주며 말을 건넸다.

"후후, 어떻게 알고 왔니? 같이 가자고 하지 않아서 많이 서운했겠다. 네가 이런 모임을 시시하게 생각할까 봐 연락하지 않았어."

"아직도 날 몰라? 너희들이 하는 일은 모두 알고 싶어. 하지만 방해

가 된다면 이만 돌아가지."

메그의 곱지 않은 시선을 눈치챈 래리가 재빨리 말했다.

"그런 뜻이 아니었어, 래리. 하지만 이 모임은 명심해야 될 일이 있어. 아무 하는 일 없이 멍청히 있어서는 안 된다는 거야."

메그는 얼른 표정을 바꾸어 래리를 안심시켰다.

"좋아, 나는 무슨 일을 하면 될까? 무슨 일이든지 시켜. 집에서 따분하게 있는 것보다 그 편이 훨씬 낫겠어."

래리의 말에 조가 기다렸다는 듯이 책을 건넸다.

"그럼 내가 뜨개질을 할 동안, 여기서부터 책을 읽어 줘."

래리는 책을 읽기 시작했다. 한참을 읽고 난 뒤, 래리는 문득 궁금한 것이 생각났다.

"한 가지 물어 볼 말이 있는데?"

"말해 봐."

"이 모임은 언제부터 시작한 거야?"

"후후, 알고 싶니? 에미 네가 말해 줄래?"

메그는 막내 에미에게 시선을 돌리며 의견을 물었다.

"안 돼. 래리는 마음속으로 우리들을 비웃을지도 몰라."

"그렇지 않아. 래리는 우리가 하는 일을 좋아하잖아."

조가 에미에게 타이르듯 말했다.

"작년 겨울부터 시작한 모임이야. '순례놀이'라고 이름 붙였어."

"나도 그 놀이에 대해서 들은 적이 있어."

래리는 에미의 설명에 그 정도는 자기도 안다는 투로 대답했다.

"어머, 난 이야기한 적 없는데."

메그와 에미가 조를 바라보자 조가 손을 내저으며 말했다.

"사실은 언젠가 집에 나만 있을 때 래리가 놀러왔었어. 그 때 순례놀이에 대해 간단히 이야기해 준 적이 있어."

그 때 베스가 자신이 래리에게 가르쳐 주었다고 실토했다.

모두들 생각지도 않았던 사실에 입이 벌어졌다.

"그 놀이가 이 모임과 무슨 연관이 있죠?"

"그럼 베스가 그 다음 이야기는 하지 않은 거로군."

"예전에 우리들은 일주일 정도를 빈둥거리며 지낸 적이 있었죠. 그 때 많은 것을 깨닫고 각자 해야 할 일을 정해 놓고 실천하기로 했어요. 이제 즐거웠던 여름 휴가도 끝나가고 있고, 정해 놓은 일들도 거의 마무리가 되었어요. 오늘도 순례놀이를 하면서 해야 할 일들을 마무리하고 있는 셈이죠."

조의 설명을 듣고 난 래리는 자신이 한없이 부끄러워졌다.

'그 동안 내가 너무 태만하게 생활한 것 같다. 다른 사람에게 짜증만

내고 원망만 하면서 보냈으니.'

언덕 아래로 펼쳐지는 풍경은 무척 아름다웠다.

"래리, 저 아래 좀 내려다 봐. 멋지지 않니?"

이미 붉게 물든 저녁놀과 고요히 흐르는 강물, 한가로이 풀을 뜯고 있는 소들의 모습이 마치 한 폭의 풍경화 같았다.

"언니, 난 그림 연습을 열심히 해서 내 눈앞에 펼쳐진 저 경치를 그려 내고 싶어."

막내 에미가 탄성을 질렀다.

"우리 앞으로 어떤 사람이 되고 싶은지 각자 미래에 대한 계획을 말해 보는 게 어때?"

"그거 재미있겠다. 그럼 누가 먼저 시작할까?"

"래리부터 먼저 이야기해 봐."

"그럴까? 난 어느 정도 나이가 되면 세계의 이곳 저곳을 돌아다니고 싶어. 그런 다음 독일로 가서 좋아하는 음악을 공부하고 싶어. 열심히 공부해서 유명한 음악가가 되고 싶어. 사람들이 내 음악에 열광하며 나를 존경하게 만들 거야. 음악 외의 것들에는 신경 쓰지 않고 살고 싶어."

"와, 멋있다! 래리는 음악에 대한 소질이 있으니까 열심히 한다면 꼭 이루어질 수 있으리라 믿어."

"그럼, 메그의 꿈을 들려줘."

메그는 동생들 앞에서 자신이 꿈꾸는 것들을 있는 그대로 이야기하기가 쑥스러웠다. 하지만 거짓말을 하는 것은 더욱 싫었기 때문에 사실대로 이야기했다.

"내가 원하는 것은 모든 것이 풍족하게 갖추어진 집에서 사는 거야. 좋은 가구에 둘러싸인 아름다운 집, 식사 때마다 이제까지 맛본 적이 없는 훌륭한 음식들, 보기에도 눈부신 화려한 드레스 이 모든 것들이 갖추어져 있다면 얼마나 좋겠니. 그 곳에서 나는 안주인 노릇을 하며 남편과 아이들을 위하며 사는 거야. 많은 하인들이 있어야 하는 것은 당연하고."

이 때 조가 나섰다.

"언니, 이해심 많은 남편과 사랑스런 아이들이란 말이 빠졌어."

"그랬니?"

메그는 아직 어떤 남자를 열렬히 좋아한 적이 없기 때문에 조가 말한 것은 당연히 제외시켰던 것이다.

"조, 너야말로 몇 가지만 있으면 되지 않겠니?"

"그럼 내가 생각하는 것을 언니가 대신 말해 줘."

조는 비꼬는 언니에게 대들 듯이 쏘아붙였다.

"음……. 훨훨 나는 대단한 말과 까만 잉크병, 그리고 방 안을 가득 메울 만큼 많은 책들만 네 곁에 있으면 될 거야. 그렇지?"

"언니 말이 맞아. 주인의 말을 잘 알아듣는 훌륭한 말과 책만 있으면 돼. 게다가 사람들이 좋아하는 소설을 만들어 낼 수 있는 마법의 잉크가 있다면 더없이 좋을 거야. 그러면 난 내가 죽은 뒤에도 남을 수 있는 훌륭한 책을 써서 사람들을 행복하게 하고, 그 대가로 돈을 많이 벌고 싶어."

이번에는 베스가 자신의 계획을 나지막이 들려주었다.

"내 꿈은 부모님 곁에서 조용히 사는 거야."

"베스, 그게 다야? 다시 한 번 잘 생각해 봐."

래리가 미래에 대한 계획이 별로 없어 보이는 베스를 향해 말했다.

"예전에는 좋은 피아노를 한 대 갖는 것이 꿈이었어. 그런데 래리의 할아버지께서 내 꿈을 이루어 주셨어. 이제 한 가지 더 꿈을 추가하라고 하면 우리 가족 모두가 늘 건강했으면 해."

래리는 베스의 말에 고개를 끄덕였다. 비록 다른 사람의 꿈이 자신의 기준에 미치지 못한다고 할지라도 그것을 책망할 수는 없는 것이다. 하찮은 생각이라도 그 사람에게는 소중한 꿈이 될 수 있으니까 말이다.

마지막으로 에미의 차례가 되었다.

"내 꿈은 한두 가지가 아니야. 이것도 해 보고 싶고, 저것도 해 보고 싶어. 아직 어려서 그런가 봐."

에미의 귀염성 있는 말투에 모두들 웃었다.

"에미, 그러지 말고 정말 원하는 것 한 가지만 생각해 봐."

"한 가지만 선택하라고?"

에미는 메그 언니의 조언에 잠시 생각에 잠기는 눈치였다.

"아, 생각났어. 내가 해 보고 싶은 것들 중에 간절히 바라는 것은 그림이야. 나도 세계가 깜짝 놀랄 만한 그림을 그리는 유명한 화가가 되고 싶어."

"모두들 미래에 대한 대단한 꿈들을 가지고 있군요. 하지만 현실적으로 그 꿈들을 이루기란 그리 쉽지 않아."

래리는 이미 현실로 돌아와 있었다. 그는 당장 원하지 않는 대학에 들어가야 되는 어려운 상황에 직면해 있었던 것이다.

"메그는 멀지 않은 미래에 좋은 소식이 있을 것 같아요."

난데없이 래리가 묘한 웃음을 흘리며 한 마디 했다.

"그게 무슨 말이야?"

"글쎄."

"흥, 싱겁기는……. 래리는 장난꾸러기 같아."

메그는 래리의 말을 의미 있게 받아들이지 않았다. 하지만 래리는 무언가 알고 있는 듯했다.

'아직 말하지 않는 게 좋겠어. 브루크 선생님의 마음을 말이야.'

조는 왠지 분위기가 가라앉은 듯하여 큰 소리로 제안했다.

"이 자리에 모인 김에 한 가지 약속을 해요. 지금부터 십 년 후, 우리가 어떻게 변해 있을지 모르지만 다시 이 곳에서 만나기로 말이야. 조금 전에 말했던 꿈들을 얼마만큼 이루어 놓았는지도 궁금하고……."

메그는 십 년 뒤의 자기 모습보다는 그 때쯤 나이가 몇 살이 되는지가 궁금했다.

"십 년 후면 내가 스물일곱 살이 되네. 조와 베스, 에미도 적지않은 나이가 되겠는걸."

다른 자매들도 십 년 뒤의 자신들 나이를 생각하고 놀라워했다.

"난 부지런하고 끈기가 있는 편이 아니라 세월을 헛되이 보낼지도 모르겠는걸."

자신의 미래가 두렵기만 한 래리가 한숨을 내쉬었다.

"그렇지 않아, 래리. 우리 엄마는 너에게 성공할 수 있는 기질이 있다고 말씀하셨어. 확실한 동기만 주어진다면 너의 꿈이 헛된 일만은 아닐 거야."

조가 말했다.

"네 엄마가 그렇게 말씀하셨다니, 왠지 기운이 솟는 거 같다. 마치 부인은 내가 존경하는 분 중의 한 분이니까."

하지만 다음 순간 래리의 얼굴빛이 어두워졌다.

"그렇지만……. 할아버지는 나와 다른 생각을 가지고 계셔. 할아버지가 원하는 것은 내가 훌륭한 무역상이 되는 것이야. 대학에 가서도 무역에 관련된 공부를 하기 바라시니 난 어찌할 바를 모르겠어. 지금까지는 할아버지가 원하는 대로 움직이고 있지만 시간이 갈수록 미쳐 버릴 것만 같아."

"오, 래리. 네가 그렇게 고통스러워 한다는 사실을 몰랐어."

"어떨 때는 아버지가 그랬듯이 이 집을 그냥 나가 버리고 싶을 지경이야. 아무 생각도 하지 않고 말이야."

"설마 할아버지를 혼자 내버려 두고?"

조는 혼자 집에 남을 로렌스 할아버지를 생각해 보았다.

"그게 제일 고민이야. 지금이라도 누가 할아버지를 모실 사람이 있다면 내가 원하는 대로 살아 보고 싶어."

"래리, 네가 그렇게 원한다면 해 보는 것도 좋을 것 같은데."

조는 래리가 측은하게 생각되어 래리 편을 들어주었다.

"무슨 소리를 하는 거니? 래리, 그런 나쁜 마음을 먹으면 안 돼."

메그가 큰언니답게 두 사람을 꾸짖었다.

"일단은 할아버지가 원하는 대로 대학에 들어가도록 해. 래리가 할아버지 뜻을 따르고 있다고 느끼시면 예전처럼 그렇게 엄하게 대하시진 않을 거야. 그런 다음 시간을 두고 기다려 봐. 그렇지 않고 함부로 행동한다면 돌이킬 수 없는 실수를 저지르게 될 거야. 지금 할아버지에게는 래리밖에 없잖아."

래리는 메그의 말에 조용히 고개를 끄덕였다.

"브루크 선생님이 부모님께 정성을 다한 것처럼 래리도 함부로 행동해서는 안 된다는 것을 명심해."

"언니, 브루크 선생님에 대해 무언가 알고 있어?"

메그가 브루크 씨에 대한 이야기를 꺼내자 조는 궁금했다.

"언젠가 래리네 할아버지가 엄마와 하는 이야길 들은 적이 있어. 병으로 고생하시는 엄마를 잘 돌봐 드린 일이나, 좋은 일자리가 나타났으나 엄마를 위해 포기한 일, 엄마가 돌아가신 뒤로는 그 동안 병구완을 도와준 할머니에게 꼬박꼬박 얼마간의 돈을 보내 주고 있다는 등의 일을."

"그랬구나. 그 동안 나는 왜 브루크 선생님에 대해 그렇게 아무것도 몰랐을까?"

래리가 무심한 자신을 책망하며 중얼거렸다.

"이럴 때 보면 우리 할아버지에게도 내가 모르는 다른 면이 숨겨져 있는 것 같아. 다른 사람들이 이런 이야기를 들으면 모두 브루크 선생님을 좋게 생각할 거야. 이게 다 할아버지의 마음 씀씀이 때문이겠지. 나도 선생님을 위해 무언가 해야겠어."

이 때 메그가 다시 한 번 주의를 주었다.

"래리는 브루크 선생님이 가르치는 것을 잘 따르는 것이 첫 번째 일이라고 생각해."

"가끔씩 선생님의 말을 듣지 않을 때가 있기는 해요. 하지만 그걸 어떻게 아셨죠?"

"그건 어쩌다 문 앞에서 마주칠 때 선생님의 표정을 보면 알 수 있어. 래리가 잘 따라주었을 땐 환한 얼굴이지만, 그렇지 않은 날엔 고민하는 표정이 역력히 나타나곤 해."

"대단해요, 메그. 선생님의 표정만 보고서도 내가 한 행동을 짐작하다니……."

메그는 래리의 입가에 장난꾸러기 같은 묘한 웃음이 번지는 것을 깨달았다.

"래리, 지금 무슨 엉뚱한 상상을 하고 있는 거야? 난 단지 래리가 걱정이 돼서 한 이야기인데."

메그는 자신의 충고가 다른 방향으로 흘러가자 정색을 하며 래리를 나무랐다.

"제가 또 실수를 했군요. 누나의 진심 어린 충고 잘 들었어요. 앞으로도 내 생각이나 행동이 올바르지 않다고 판단되면 언제라도 말해 주겠지요?"

"네가 진실로 원한다면 언제라도."

메그는 남동생을 대하듯 고개를 끄덕였다.

"그리고 이 언덕에 올라올 때는 내게 꼭 연락해 줄 거지?"

"래리가 빈둥거리지 않고 무언가 일을 한다면 언제라도 대환영이야."

"그럼 내가 래리에게 뜨개질하는 것을 가르쳐 주면 되겠다."

조가 래리를 바라보며 크게 웃어 댔다.

저녁 식사를 하고 난 베스는 래리네 집으로 건너가 할아버지를 위해 피아노를 연주했다. 할아버지는 무슨 생각을 하시는지 꼼짝도 하지 않은 채 베스가 치는 피아노 소리를 감상하고 계셨다.

래리는 할아버지가 무슨 생각을 하고 계실지 궁금했다.

'할아버지는 지금 아버지를 생각하고 계실지도 몰라. 가끔은 나도 아버지와 엄마가 보고 싶거든.'

그런 할아버지를 바라보는 래리는 왠지 가슴이 저려왔다.

'메그의 말이 맞아. 할아버지 곁에는 아무도 없어. 내가 끝까지 지켜 드려야겠지.'

작가가 된 조

계절은 어느덧 겨울로 가는 길목에 들어섰다. 10월이 되어 더욱 바빠진 조는 소설을 완성하기 위해 온힘을 기울였다.

요즘 며칠 동안은 아예 문 밖 출입도 하지 않은 채, 오직 펜과 종이와 씨름하고 있었다. 다락방에 함께 있는 생쥐들조차도 조의 신경을 건드리지 않으려고 조심스럽게 왔다갔다 하는 것 같았다.

마침내 소설의 마지막을 완성한 조는 만세를 불렀다.

'아, 드디어 마지막 장까지 다 썼어. 열심히 쓰긴 했는데 퇴짜를 맞으면 어떡하지? 그래, 다음 기회가 또 있는데 무슨 걱정이야.'

책상 위를 물러나와 편한 자세로 드러누운 조는 다시 한 번 자신이 쓴 글을 검토하기 시작했다.

'그래, 이 부분은 좀더 근사하게 표현하는 게 좋겠고, 여기는 차라리 빼는 게 좋겠다.'

원고를 검토하면서 새롭게 추가해 넣거나 빼 버려야 할 것은 과감히 지워 버렸다. 이러기를 몇 번 한 뒤에 결심한 듯 빨간색 끈을 찾아 원고를 묶었다. 조는 한동안 다 끝낸 원고 뭉치를 말없이 내려다보았다.

"그래, 결심했어!"

마음을 굳힌 조는 예전에 써 두었던 또 한 뭉치의 원고를 찾았다. 그리고는 조금 전에 끝낸 원고와 함께 소중히 집어들었다.

조는 조심조심 계단을 내려왔다. 거실을 휙 둘러본 조는 서둘러 현관으로 나와 마차를 탈 수 있는 큰길을 향해 부지런히 걸었다.

곧 마차 한 대가 미끄러지듯 달려오자 조는 두 손을 번쩍 치켜들어 세웠다.

"여기요! 세워 주세요!"

주저없이 마차에 올라탄 조는 달리는 마차 안에서 생각에 잠겼다. 마차는 벌써 시내로 접어들었다.

조가 마차에서 내린 곳은 시내 한 중심가로 번화한 곳이었다. 어떤 건물을 향해 발걸음을 옮기던 조는 건물 앞에 당도하자 굳은 듯 그 곳에 잠시 서 있었다.

하지만 결심한 듯 건물 안으로 들어가 계단을 올랐다. 한 계단, 두 계단 숨을 들이키며 올라가던 조는 이내 몸을 돌려 다시 뛰어내려왔다.

'아, 내가 왜 이러지?'

건물 모퉁이까지 한달음에 뛰어간 조는 가쁜 숨을 헐떡이며 숨어 있었다. 조에게도 이런 소심한 데가 있었나 할 정도로 무척 망설이는 태도였다.

하지만 주변 사람들에게 이 곳에 온 사실을 알리지 않으려 했던 조를 멀리서 알아보는 사람이 있었다.

건너편 또 한 건물에서 조의 예기치 않은 행동들을 재미난 듯 바라보며 웃어 대는 사람은 다름 아닌 래리였다.

'후후후, 용감한 조가 왜 저리 허둥댈까? 혹시?'

래리는 무슨 일일까 몹시 궁금했다.

조는 마음을 굳힌 듯 다시 건물 앞으로 나왔고, 이번에는 두려움 없이 건물의 계단을 오르기 시작했다.

'조가 드디어 결심을 했나 보군. 일을 끝내고 나오면 기다렸다가 함께 가야겠다. 그런데 대체 무슨 일로 저리로 들어간 걸까?'

래리는 건물에 걸려 있는 간판을 샅샅이 훑어 가기 시작했다. 그 중에 래리의 눈길을 끈 것은 치과 간판이었다.

'아, 저거였구나. 혼자 치과 치료를 하러 오다니 역시 조답군. 이가 많이 상한 모양이야. 끝나고 나오면 내가 칭찬해 줘야지.'

래리는 조가 안됐다는 생각이 미치자 자신이 하던 일을 끝내고 서둘러 건물 밖으로 나와 건너편을 향해 걸었다.

조가 들어간 건물 앞에서 래리는 오랜 시간 기다렸다. 얼마간의 시간이 소리 없이 흘러갔다.

잠시 후, 힘든 일을 끝내고 건물 밖으로 나온 조가 래리를 발견했다. 전 같으면 낯선 곳에서 발견한 래리를 향해 환호성을 질렀을지도 모를 그녀다. 하지만 오늘은 달랐다.

"응, 래리구나."

하고 힘없이 한 마디 하며 래리 앞을 쓱 지나쳐 갔다. 래리는 급히 조의 뒤를 쫓아가며 물었다.

"너, 많이 괴롭구나?"

"글쎄."

"다른 사람들과 함께 오지 그랬니? 아니면 내게 도움을 청하든지."

"말하고 싶지 않았어."

"그래 치료한 이는 이제 괜찮아?"

"그게 무슨 소리야? 뭘 치료해?"

조는 래리의 질문에 무심코 대답하다가 이상한 생각이 들었다.

'래리는 내가 어떤 곳을 방문했는지도 모르고 지껄이고 있군. 이를 치료했다니…… 아, 그래. 그 건물엔 치과도 있었던 것 같아. 맞아.'

여기까지 생각이 미친 조는 귀여운 래리의 추측에 크게 웃었다. 조금 전 긴장했던 마음까지 씻어 내려는 듯이.

"왜 그래? 내가 뭘 잘못 알기라도 한 거야?"

"래리, 너 조금 전까지 당구장에 있었지?"

조의 난데없는 당구 이야기에 래리는 틀렸다는 표정을 지었다.

"그 곳은 종합 체육관이야. 조금 전까지 내가 하고 있었던 운동은 당구가 아니라 펜싱이었어."

"그래? 내가 잘못 알았구나. 나도 펜싱을 배워 보고 싶어."

"그거야 내가 가르쳐 주면 되지. 그런데 조는 당구를 별로 좋아하지 않는 모양이구나?"

"맞아. 당구에 빠져 사는 사람들은 어딘지 조금 이상해 보여."

"그렇지 않아. 우리 집에도 당구대가 있는걸. 나도 당구 치는 걸 좋아해서 상대가 될 만한 사람이 나타나면 언제라도 즐겨 하는데."

"그런 사람들과 어울려 놀다가는 분명 많은 시간과 아까운 돈을 낭비하게 돼. 래리, 너는 좀더 근사한 신사가 되었으면 좋겠다."

"조, 당구는 기분 전환을 위해 필요한 아주 즐거운 게임이야."

"하지만 전에 래리가 모파트 가의 네드와 어울려 당구 치는 것을 본 적이 있어. 그 집안은 왠지 꺼림칙 해."

"왜 그런 생각을 하는 거니?"

래리는 모파트 가를 좋지 않게 여기는 조에게 어떤 이유가 있을 것이란 생각이 들었다.

"모파트 가의 사람들은 주변 사람들이 상처 받을 말들을 아무렇지도 않게 내뱉는 것 같아."

"그래? 나도 네드를 인간적으로 좋아하는 것은 아니야. 단지 함께 당구를 즐길 뿐이지."

"좋아. 그럼, 좋지 않은 사람들과 어울리지 않는다는 조건으로 가끔 당구를 쳐도 괜찮다고 허락해 줄게."

"고마워. 너는 나를 가장 잘 이해해 주는 사람들 중 하나야."

하지만 조는 내친 김에 래리에게 그 동안 고쳤으면 하는 행동들에 대해 줄줄이 말을 늘어놓기 시작했다.

"아, 래리가 가난한 집 아이였으면 좋겠어."

"왜 그렇게 생각해?"

"돈이란 없으면 궁색한 법이지만, 많으면 많을수록 사람들을 곤경에 빠뜨리기도 해. 가끔은 잘못 된 길로 안내하는 독버섯이기도 하고."

"조, 내가 지금 그 길로 들어섰다고 생각하는 거니?"

래리는 조가 자신을 부잣집에 태어난 형편 없는 놈으로 생각하는 것 같아 울컥 화가 치밀었다.

"래리도 자신의 성질을 다스리는 법에 익숙하지 않은 듯해. 그래서 혹시라도 나쁜 길로 빠질까 봐 걱정되는 게 사실이야."

"걱정하지 않아도 돼. 나도 이제 어린애가 아니야. 우리 그런 따분한 이야기는 그만하기로 하자. 계속 그런 충고를 한다면 나 혼자 가 버릴 거야."

래리가 위협적인 말로 조의 말을 막았다.

"그래? 내가 너무 성자 같은 말만 했나?"

순간 조는 그제서야 자신이 래리를 너무 어린애 취급한 것 같아 입을 다물었다.

"재미있는 이야기해 줄까?"

"좋아."

"하지만 그 전에 조건이 있어. 오늘 네가 다녀온 곳이 어딘지, 무슨 일인지 이야기해 줘야 해."

"어머, 그런 게 어딨어?"

"싫으면 하지 마. 하지만 내게 털어놓는 게 좋을 걸?"

조는 잠시 머뭇거리더니 말을 꺼냈다.

"말할게. 하지만 래리, 우리 가족들에게는 비밀로 해 줬으면 해."

"걱정하지 마십시오, 아가씨."

"사실은 신문사에 다녀오는 길이야. 그 동안 써 둔 원고 두 편을 들고 말이야."

"와아, 굉장한데! 그럼 언제쯤 좋은 소식을 들을 수 있는 거야?"

"편집장 말로는 잘 검토해 보고 다음 주쯤 연락을 주겠다고 했어."

래리는 조의 소설이 벌써 신문에 실리기라도 한 듯 모자를 벗어 하늘 높이 던지며 좋아했다.

"조 마치, 드디어 유명한 작가가 되다!"

던진 모자를 받아들며 래리가 큰 소리로 고함을 질렀다. 조 역시 그렇게 싫지 않은 듯 살며시 웃었다.

차가운 바람이 그들의 얼굴을 스치고 지나갔다. 그들은 잠시 말이 없었다.

"이번에 내 소설이 뽑히지 않더라도 상관 없어."

조는 아직도 신문사에 두고 온 원고 뭉치에 미련이 남는 듯 중얼거렸다. 또한 자신의 소설을 어떻게 평가내릴지에 대한 염려로 머릿속이 복잡했다.

"조, 염려하지 마. 네 소설은 반드시 좋은 평가를 받을 거야. 세상에 널려진 평범한 소설보다 네 작품은 광채를 낼 거야."

"네가 그토록 나를 믿어 준다니 우울했던 기분이 다시 좋아지는 것 같다. 참, 내게 해 준다는 재미있는 이야기는 뭐야?"

"내 이야기는 메그에 관련된 거야. 일전에 자매들이 우리 집에 놀러 온 적이 있었지?"

조는 무슨 이야기일까, 궁금해서 귀를 기울였다.

"그 때 메그가 잊어버리고 간 장갑 한 짝의 행방을 알게 됐어!"

"아휴, 시시해. 별로 흥미로운 이야기도 아닌걸?"

"이야기는 지금부터야. 그 장갑을 소중히 간직하고 있는 사람을 알게 되면 아마 깜짝 놀랄 거야."

"누군데? 뜸들이지 말고 어서 말해."

래리는 아주 중요한 순간이라는 듯이 잠시 말을 끊었다.

"바로 브루크 선생님이야."

"지금 뭐라고 했어? 다시 말해 봐!"

"브루크 선생님의 주머니에 메그의 장갑 한 짝이 있는 걸 분명히 봤다니까."

"어머, 엉큼스럽기도 하네!"

조는 마치 사랑하는 언니를 다른 사람에게 빼앗기기라도 한 것처럼 화가 치밀었다.

"멋있잖아? 사랑하는 사람의 물건을 소중히 간직한다는 것이."

"난 별로야. 그런데 언니는 어떻게 생각할까?"

조는 언니도 자신과 같이 그런 행동을 유치하다고 생각해 주었으면 하는 바람이었다.

"조, 말하지 마! 이 사실은 너와 나의 비밀이야."

"글쎄. 조금 당황스러운 이야기라 가슴이 답답해지는 걸. 엄마와 이 일에 대해 의논하고 언니의 생각을 듣고 싶어."

"아직은 안 돼. 조금만 더 기다려."

래리는 아직 말할 때가 아니라고 조에게 타일렀다. 조는 래리에게 이 일을 비밀로 할 것을 약속했다.

"래리, 우리 저기까지 달리기 시합 하자."

"좋아. 자, 준비."

래리의 신호와 함께 두 사람은 있는 힘껏 뛰었다. 복잡한 생각들은 가끔 달리기로 날려 보내는 것도 좋을 듯했다.

집으로 향하던 길목에서 조와 래리는 반대쪽에서 걸어오는 메그를 만났다.

"애, 너 그 꼴이 뭐니?"

"왜, 내가 어때서?"

메그는 달리기를 하면서 흐트러진 조의 머리 모양과 단정치 못한 옷차림을 보고 나무랐다. 그리고 조의 옷차림을 단정하게 매만져 주었다.

'언니는 역시 여자다워. 요즘 들어 한층 성숙해진 것 같아. 다정한 메그 언니도 얼마 지나지 않아 우리들 곁을 떠나 가정을 꾸리겠지.'

조는 이런 생각이 들자 머리를 흔들며 애써 외면하려 했다. 하지만 다른 한편에서는 이런 마음도 들었다.

'아니야, 언니는 브루크 선생님을 좋아하지 않을 거야. 왜냐하면 그는 가난해서 언니의 화려한 꿈을 감당하지 못할 테니까.'

언니를 만난 순간 래리에게서 들은 브루크 씨의 모습을 떠올린 조는 혼자 끙끙대며 마음속으로 고민했다.

이를 눈치채기라도 한 듯 래리가 다정스럽게 메그에게 물었다.

"메그, 어디 다녀오는 중이에요?"

"응, 가디너 씨 댁에 샐리를 만나러 갔다 오는 길이야. 모파트 가의 벨이 결혼을 했다고 해서 소식도 들을 겸……."

"메그도 이제 웨딩드레스 입을 나이가 된 건가요?"

"어머, 그런 쓸데없는 소리를 함부로 하면 못써."

메그는 농담을 건네는 래리에게 살짝 눈을 흘겼다.

그 날 이후 조는 평소와는 다른 행동을 해서 가족들을 불안하게 만들었다. 수다스런 조가 눈에 띄게 말이 없어지고, 우체통 근처만 배회하곤 하는 것이었다.

"조 언니가 요즘 들어 이상해."

"에미, 너도 그렇게 생각하니? 나도 그렇게 느꼈어."

"혹시 조 언니가 사랑에 빠진 게 아닐까? 말이 없어지고, 누군가의 편지를 저렇게 열심히 기다리는 것을 보면."

"설마. 하긴 그럴지도 모르지. 며칠 전에는 메그 언니에게 갑자기 달려들어 키스를 퍼붓더라."

"정말? 호호호, 사랑은 사람을 변하게 한다더니 그 말이 맞나 봐."

베스와 에미는 자신들의 추측이 맞다는 것을 확신한 듯 깔깔대며 웃었다. 하지만 좀더 자세히 조를 관찰했더라면 몇 가지 사실을 더 알 수 있었을 것이다. 래리와 수군대는 일이 잦아진 것과 브루크 씨를 만나면 바람이 일 정도로 휭 하니 나가 버리는 일 등을 말이다.

그럭저럭 2주라는 시간이 흘렀다.

메그는 뜨개질을 하고 있다가 무심히 창 밖을 내다보고 '쯧쯧' 소리를 해댔다. 밖에는 래리와 조가 장난을 치며 무언가를 손에 들고 뛰어다니고 있었다.

"조는 요즘 들어 더 말괄량이 같아졌어. 다 큰 숙녀가 단정치 못하게 저게 뭐람?"

"오늘 아침부터 래리 도련님과 속닥거리더니 이젠 마음 놓고 정원을 망나니처럼 뛰어다니는군."

메그의 걱정에 해너 할머니도 걱정스러운 듯 한 마디 했다.

"요즘 들어 조 언니가 침울하게 말이 없었던 것에 비하면 저렇게 뛰어다니는 게 오히려 보기 좋아."

베스는 마치 자기가 언니인 양 조를 이해한다는 투로 이야기했다.

집 안에서 자신의 이야기가 오고 갔는 줄 모르는 조는 어느 새 들어와 흔들의자에 앉았다.

조의 손에는 신문이 들려 있었다. 메그가 넌지시 물었다.

"무슨 흥미로운 기사라도 실렸니?"

"별로. 소설 한 편이 실렸을 뿐이야."

"제목이 뭔데?"

"〈화가들의 대결〉이야."

에미와 베스가 달려들며 졸랐다.

"언니, 혼자만 보지 말고 소리 내서 읽어 줘."

조는 알았다는 듯이 고개를 끄덕이고 난 뒤, 감정을 살려 읽어 내려갔다. 이야기가 거의 끝나갈 때까지 아가씨들은 꼼짝하지 않았다.

에미의 동그란 눈 가득히 눈물이 고였다.

"언니, 너무 슬퍼. 주인공들이 모두 죽어 버리다니. 하지만 화가들의 그림 이야기는 너무나 마음에 들어."

모든 사람들이 결국 비극적인 결말로 끝나는 이 소설에서는 세 아가씨들에게 낯설지 않은 대목들이 많았다.

"그런데 조금 이상한 구석이 있어. 우리들이 즐겨 쓰는 안젤라와 비올라란 이름들이 많이 등장하고 있어. 마치 우리들의 생활을 엿본 것처럼 말이야."

베스가 자신의 감상을 이야기했다.

"누가 쓴 글이니?"

"응, 그건……."

조는 메그의 물음에 잠시 뜸을 들였다.

아마도 자매들의 궁금증을 더 일으키려는 뜻에서거나 아니면 쑥스러웠기 때문일 것이다.

"조 마치."

"뭐라고?"

메그는 깜짝 놀라 자신이 잘못 들은 것이 아닌지 다시 한 번 조에게 되물었다.

"이 글을 쓴 작가가 너란 말이야?"

"그렇다니까. 내가 이 글을 썼어. 내가 쓴 글이 신문에 실렸단 말이야. 언니, 나도 흥분돼서 어쩔 줄 모르겠어."

베스와 에미는 조에게 달려들어 축하의 키스를 했다.

"정말 축하해! 난 언니가 성공할 줄 알았어."

"나도야. 오래 전에 내가 저질렀던 실수는 제발 기억하지 말아 줘."

에미는 언젠가 조의 원고를 불태워 버렸던 기억을 되살리며, 용서와 축하를 한꺼번에 말하느라 숨이 가빴다.

신문을 낚아채듯 빼앗아 간 메그는 서둘러 신문에서 조의 이름을 찾기 시작했다.

"여기 있어! '조 마치'라고 분명히 나와 있어. 조, 정말 대단한 일을 해냈구나!"

저녁 무렵 엄마가 돌아오시자 집안은 다시 한 번 술렁거렸다. 마치 부인은 눈물이 핑 돌 정도로 감격했다.

"조, 정말 장하구나. 네가 바라던 일을 해냈어."

"저도 정말 기뻐요. 편집장 말이 이번 작품은 신문에 실어 주는 정도래요. 제가 가지고 간 두 편 모두 좋다고 하시면서 계속 글을 써 보라고 권하셨어요. 다음 작품부터는 원고료를 지불해 주겠다고 약속하셨어요."

"와, 조 언니는 정말 좋겠다."

에미는 앞으로는 원고료를 받을 수 있다는 말에 환호성을 질렀다. 조는 가족들의 칭찬과 솟아나는 자신감으로 날개를 달고 하늘로 날아오르는 듯했다.

슬픈 소식

하늘이 잔뜩 흐려 있어 눈이라도 쏟아질 것 같은 날씨였다. 메그는 무심히 창 밖을 바라보며 짜증 섞인 소리로 중얼거렸다.

"난 1년 중 이 즈음이 제일 싫어."

"하지만 언니, 지금이라도 무언가 새로운 일이 생긴다면 그런 생각은 들지 않을 거야."

베스의 말도 메그에게는 도움이 되지 않았다.

"휴, 집에서 이렇게 시간을 보내는 것은 정말 따분해."

"메그 언니는 우리들보다 그런 생각이 더 들 거야. 또래의 아가씨들은 하루하루를 신나게 보내고 있을 텐데. 언니는 열심히 일하고 남는 시간에도 그저 그렇게 지내야 하니 답답할 거야."

조 역시 언니의 처지를 이해하면서 한 마디 했다.

"좋은 수가 있어. 언니를 내 소설의 주인공으로 만들어 줄게. 사람들에게 친절하고 예쁜 아가씨가 우연히 많은 재산을 얻게 되어 성공한다는 내용의 여주인공으로 말이야."

조는 잉크를 찍어 가며 대강의 줄거리를 종이에 적었다.

"조, 그만둬. 소설은 소설일 뿐이야."

"메그 언니, 언니의 고민을 해결하고 싶거든 십 년만 기다려 줘. 그때쯤이면 난 부자가 되어 있을 테니까."

어린 에미도 종이에 무언가 그리다 말고 한 마디 했다.

"아, 행복이라는 두 희망이 이리로 오고 있어."

베스의 말에 에미는 무슨 소린가 싶어 고개를 쑥 내밀었다.

"후후, 사실은 엄마와 래리가 이리로 오는 게 보여."

두 사람이 함께 집 안으로 들어섰다. 엄마는 거실로 들어서자마자 물었다.

"혹시 아버지에게서 편지가 오지 않았니?"

"오늘 편지 중에 아버지가 보내신 것은 없어요."

그 때, 마치 부인 뒤에 서 있던 래리가 큰 소리로 물었다.

"시내에 나가 사야 될 물건이 있어서 그러는데 같이 갈 사람 없어?"

"래리, 같이 가자."

조가 선뜻 나서자 베스와 에미도 구경삼아 함께 가기로 했다.

"제게 맡기실 일은 없으세요?"

래리는 붙임성 있게 마치 부인에게 물었다.

"그럼 내 부탁 하나만 들어주겠니? 아직 편지가 도착하지 않아서 걱정이구나. 네가 직접 시내에 있는 우체국에 들러 어떻게 된 일인지 알아봐 주겠니?"

래리는 고개를 끄덕이며 곧 마차가 있는 곳으로 가기 위해 현관 문으로 걸어갔다. 그 때였다. 누군가 현관에서 다급하게 벨을 누르는 소리가 들려왔다.

"마님, 제가 나가 보고 올게요."

잠시 후 해너 할머니가 들고 온 것은 전보였다.

"여기 전보가 왔어요. 우체부가 급히 전해 주더군요."

"어디, 이리 줘 봐요."

불길한 생각에 서둘러 건네받은 전보를 읽은 마치 부인은 그만 정신을 잃고 말았다.

"엄마, 왜 그러세요?"

놀란 조와 메그가 엄마를 부축해 드렸다. 래리는 물을 가지러 급히 주방으로 달려갔다. 조는 바닥에 떨어진 종이를 주워 들고 주변 사람들이 들을 수 있도록 소리 내어 읽었다.

"마치 부인, 남편 중환자실로 옮김, 급히 오실 것, 워싱턴 병원."

짤막하게 쓰여진 글자는 모든 사람을 한동안 움직일 수 없게 만들었다. 마치 가에 먹구름이 뒤덮여 사람들의 얼굴에서 웃음을 빼앗아 갔다. 잠시 정신을 잃었던 엄마는 기운을 차리고 전보 내용을 다시 한 번 읽었다.

"내 말 잘 들어라. 엄마는 아버지가 있는 곳으로 가야겠구나. 지금 엄마는 마음이 급해 어쩔 줄을 모르겠구나."

마치 부인은 더 이상 딸들 앞에서 자신의 감정을 주체할 수 없었다. 엄마의 흔들리는 모습을 보자, 아가씨들은 더 이상 울음을 참을 수가 없었다.

"흑흑흑."

집 안은 온통 슬픔의 바다로 변해 버렸다. 해너 할머니는 이대로 울고만 있을 수 없다고 생각하고 엄마를 위로해 드렸다.

"그만 눈물을 그치세요. 마님은 어서 워싱턴으로 떠날 준비를 하셔야지요. 자, 어서 일어나세요."

"그래, 알아요. 하지만……."

엄마는 일어설 힘도 없는지 잠시 그 자리에서 꼼짝하지 않았다. 하지만 엄마는 여자보다 위대하다고 했다. 마치 부인은 차츰 침착함을 찾아가려고 애썼다.

"해너 할머니. 떠날 준비를 도와주세요. 조, 래리를 좀 불러 주렴."

래리는 마치 가의 아가씨들과 슬픈 소식을 나누기엔 가족이라는 이름에 어울리지 않는 듯하여 옆방에서 기다리고 있었다.

"래리, 어디 있어?"

조가 부르는 소리에 방에서 나온 래리가 마치 부인 곁으로 다가갔다.

"힘내세요."

"래리가 수고 좀 해 줘야겠다. 오늘은 기차가 없으니, 내일 아침 차로 떠날 것이라는 전보를 쳐 주겠니?"

"그럼요. 참, 다른 시키실 일은 없습니까?"

"아, 마치 할머니 댁에 가서 내가 써 준 편지 한 통을 전해 주렴."

조는 엄마가 마치 할머니께 어떤 내용의 편지를 쓸지 보지 않고도 짐작할 수 있었다.

'아버지가 있는 곳으로 가기 위해 여행 경비가 필요하신 거야. 아, 내가 조금이라도 보탬이 되면 좋으련만…….'

엄마는 급히 쓴 편지를 래리에게 전해 주며 고맙다는 인사를 잊지 않았다. 래리가 바람같이 마치 가를 떠난 뒤, 엄마는 아가씨들에게 각자 해야 할 일을 말씀하셨다.

"이제 너희들이 해야 할 일을 말해 줄게. 우선 조는 군인가족후원회장인 킹 씨 부인 사무실로 가서 사정을 잘 설명하고 당분간 쉬어야 될 것 같다고 말씀드려라. 그리고 간호에 필요한 물건들이 있는지 여쭙고 받아 오너라."

엄마는 다시 베스에게 눈길을 주며 당부했다.

"베스, 너는 로렌스 할아버지 댁으로 가서 오래 묵은 포도주 두 병만 부탁드려 보아라. 아버지를 위해 혹시 필요할지도 모르니까. 그리고 할아버지에게 감사의 인사를 드리는 것을 잊지 말고. 에미, 너는 해너 할머니에게 여행 가방을 달라고 해서 가져오렴."

메그를 제외한 아가씨들은 자신에게 부여된 임무를 잘 처리하기 위해 부지런히 움직였다.

"메그는 나와 함께 가져가야 할 짐을 꾸리자. 내가 지금 정신이 없으니 네가 옆에서 빠뜨린 물건이 없나 잘 살펴 주렴."

"엄마, 너무 침착하게 보이려고 애쓰지 마세요. 이제 동생들도 모두 나갔으니 긴장을 푸세요. 이제부터 제가 할게요."

마치 부인은 그제야 소파에 앉아 잠시 휴식을 취했다. 메그는 꼼꼼히 짐을 쌌다.

그 사이 로렌스 할아버지에게 포도주를 얻으러 갔던 베스가 할아버지와 함께 허겁지겁 달려왔다.

"마치 부인, 심려가 크시겠소. 필요하다고 생각되는 것을 조금 가져왔는데, 이 외에도 필요한 것이 있으면 말씀하세요."

로렌스 할아버지는 자신이 가져온 것을 식탁 가득 늘어놓고는 위로의 말을 해 주었다.

"부인이 떠나고 난 뒤의 일은 걱정 마세요. 마치 가의 딸들을 내가 잘 돌봐 줄 테니. 마음 같아서는 내가 부인을 따라가고 싶지만……."

"감사합니다. 이 은혜를 어떻게 갚아야 할지. 로렌스 씨께서 제 딸들을 돌봐 주신다고 하니 마음이 든든합니다."

할아버지는 문득 무슨 생각이 들었는지 서둘러 밖으로 나갔다. 짐을 꾸리던 메그가 엄마를 위해 차 한 잔을 준비하여 막 방으로 들어가려던 참이었다.

"메그, 걱정이 많겠어요."

언제부터 서 있었는지 현관 앞에 브루크 씨가 와 있었다.

"방금 로렌스 씨로부터 소식을 전해 들었소. 로렌스 씨의 부탁이긴 합니다만, 엄마를 모시고 함께 워싱턴으로 가려고 하는데 괜찮겠습니까?"

"정말인가요? 엄마 혼자 그 먼 곳까지 가신다고 생각하니 안심이 되지 않았는데, 참 다행이에요. 엄마도 분명 고마워하실 거예요."

메그는 브루크 씨의 말을 듣고 한시름 놓았다.

마치 할머니 댁에 심부름 갔던 래리도 돌아와 엄마께 편지와 돈을 전했다. 엄마는 할머니의 편지를 조심스럽게 뜯어 보고는 화가 치미는지 난롯불 속에 던져 버렸다.

'아마 아버지가 군대에 나가는 것을 반대하던 할머니가 그것 보라는 식으로 엄마를 꾸짖는 말을 써 놓았을 거야.'

메그는 엄마의 기분을 이해할 수 있었다.

날이 저물어 어느덧 어둠이 깔리고 있었다.

"조가 아직 보이지 않는구나."

마치 부인은 조의 모습이 보이지 않자 몹시 걱정이 되었다.

"엄마, 제가 나가 보고 올게요. 걱정하지 마세요."

메그가 밖으로 나가려는 순간, 조가 막 현관문을 들어섰다.

"조, 어떻게 된 거니?"

조는 대답 대신 손에 꼭 쥐고 있던 뭉치를 살며시 내려놓았다. 조가 내려놓은 것을 본 메그가 깜짝 놀라 외쳤다.

"이게 뭐야? 아니, 25달러잖아!"

"엄마, 제가 아버지께 드릴 수 있는 돈이에요."

"너, 이 돈을 어떻게 구한 거니?"

메그가 의심스러운 눈길로 다그쳐 물었다.

"언니, 걱정하지 않아도 돼. 그 돈은 내가 정당하게 번 돈이야."

조는 가족들이 놀랄까 봐 쓰고 왔던 모자를 그제야 벗었다. 넘실대던 갈색의 긴 머리가 온데간데없고 생소한 짧은 단발로 바뀌어 있었다.

"맙소사! 조, 너 무슨 짓을 한 거니?"

"나한테 잘 어울리는 스타일인 것 같아. 머리 손질하기도 번거롭던 참에 참 잘한 일 같아."

조는 가족들의 눈에 놀라움과 슬픔이 어리는 것을 보고 더 이상 쳐다볼 용기가 나지 않아 래리에게 농담식으로 말을 걸었다.

"래리, 넌 어떠니? 이 머리가 내게 잘 어울리지 않니?"

"그래, 근사해."

이제까지 가만히 계시던 엄마가 조용히 물었다.

"조, 아버지를 생각하는 네 마음은 잘 알겠다만 조금 성급했던 것 같다. 하지만 널 책망하고 싶지는 않다. 네가 겪은 일을 말해 줄 수 있겠니?"

"엄마, 전 후회하지 않아요. 한 가지 부탁이 있어요. 나를 기다리느라 저녁을 못 먹은 것 같은데 함께 먹도록 해요. 배가 무척 고파요."

조는 엄마를 안심시켜 드리기 위해 겉으로 아무렇지도 않은 척 행동하느라 열심히 무언가를 먹어 댔다.

"많이 아프신 아버지를 생각하고 엄마가 떠나시기 전에 무엇인가를 해 드리고 싶었어. 메그는 월급을 모두 엄마께 드렸지만 난 이번에 그러질 못했어. 내 옷을 사느라 집에 돈을 갖다 주지 못했어."

"그럴 필요 없어. 사치스런 옷을 산 것이 아니라 네게 꼭 필요한 옷을 산 것뿐이야."

엄마는 조가 미안해하지 않도록 너그럽게 말했다.

"머리를 잘라 팔아야겠다는 생각을 처음부터 한 것은 아니야. 엄마의 심부름을 하고 돌아오는 길에 늘어선 가게들의 물건을 보고 아버지를 생각했어. 필요한 물건들이 많으실 테니까. 머릿속으로는 훔칠까 하는 나쁜 생각을 했지만 그러지 않았어."

메그는 조의 마음을 잘 이해할 수 있었다.

"그 다음으로 한 생각은 어떻게든지 돈을 마련해야 한다는 것이었어. 그 순간 내 눈에 들어오는 게 있었지. 바로 미장원에 걸린 가발이었어. 그래서 주저 없이 가게로 들어가 다짜고짜 내 머리카락을 사 달라고 졸랐어. 다행히 가게 주인은 내 사정 이야기를 듣고 기꺼이 사 주겠다고 했어."

"조 언니, 머리 자를 때 기분이 어땠어?"

"글쎄. 시원하기도 하고 섭섭한 느낌도 들었던 것 같아. 지나고 나면 어떨지 모르겠지만, 그 당시에는 오직 아픈 아버지에게 무언가 도움이 될 수 있다는 생각에 아무 생각도 나지 않았어."

엄마는 미장원집 주인이 기념으로 간직하라고 주었다는 조의 머리카락을 소중하게 서랍에 넣었다.

그리고는 조에게 더 이상 아무 말도 하지 못했다. 자매들은 엄마가 미안해하지 않도록 다른 이야기를 나누었다.

"언니, 브루크 씨가 엄마와 함께 아버지가 계시는 곳으로 가기로 했다던데?"

"그래. 물론 로렌스 할아버지의 부탁이 있기는 했지만."

"고마운 사람들이야."

조는 브루크 씨 이야기가 나오자 눈살을 찌푸렸다.

"참, 내일 비가 오거나 눈이 내리지는 않겠지?"

"내일 날씨는 아주 맑을 거야. 그렇죠?"

에미가 엄마에게 눈짓을 하자 엄마는 살짝 미소를 지어 보였다.

그렇게 해서 저녁 시간이 흘러갔다. 자매들이 아직 잘 생각이 없는 듯하자, 엄마는 베스에게 아버지가 평소에 즐겨 부르시던 찬송가의 연주를 부탁했다. 모두들 사랑하는 아버지를 생각하며 열심히 불렀다.

"이제 잠자리에 들 시간이야. 앞으로 내가 없더라도 아버지가 그리울 때면 이렇게 모여 찬송가를 부르렴. 자, 엄마에게 키스해 주고 올라가도록 해라."

"엄마, 편히 주무세요."

아가씨들은 각자 힘껏 엄마를 안아 주면서 인사를 했다.

이층으로 올라간 에미와 베스는 갑작스럽게 일어난 일 때문에 몹시 피곤했던지 침대에 눕자 곯아떨어지고 말았다.

하지만 메그는 앞으로의 일을 걱정하며 잠을 이룰 수가 없었다. 옆자리에 누운 조를 물끄러미 바라보았다.

"흑흑흑."

작지만 분명 흐느껴 우는 소리에 메그는 조의 얼굴을 가만히 만져 보았다. 베개가 축축이 젖어 있었다.

"조, 너 울고 있는 거니?"

"아니야. 안 울어."

"너무 걱정하지 마. 아버지는 곧 괜찮아지실 거야."

"그런 거 아니야."

"그럼 왜?"

"잘려 나간 내 머리가 갑자기 어색해서……."

조 역시 여자였다. 자신의 얼굴 중에서 제일 아름답다고 생각했던 머리카락이 아무래도 서운했나 보다.

"언니, 내가 방금 한 이야기 비밀이야."

"그래. 네가 머리를 자른 일은 아마 내 평생에 두고두고 기억날 거야. 그리고 밤중에 그게 서러워 훌쩍거린 일도……."

"치, 지금 나 놀리는 거야?"

"아니, 내 동생 조를 칭찬하는 중이야."

둘은 깔깔대며 웃었다. 그들은 앞으로의 일을 걱정하다가 졸음에 겨워 그만 잠이 들었다.

집안이 고요해질 무렵, 엄마는 딸들이 자는 방으로 살며시 들어가 하나씩 잠자리를 돌보아 주었다.

그리고는 딸들의 발그레한 볼에 살짝 입맞춤했다.

'엄마가 집에 없더라도 너희들이 잘해 내리라 믿는다. 이제까지 해 왔던 것처럼. 신도 너희들을 도와주실 거야. 나의 사랑하는 딸들아.'

엄마는 마음속으로 간절히 기도하고 자신의 방으로 돌아왔다.

다음 날 날이 밝자, 일찍 일어난 메그는 동생들을 깨우기 시작했다.

"조, 어서 일어나. 베스와 에미도 깨우도록 해."

그들은 잠옷을 갈아입고, 빙 둘러앉아 성경책을 읽었다. 간절히 기도하는 것을 끝으로 메그가 한 마디 덧붙였다.

"엄마가 떠나실 때 절대 눈물을 보여서는 안 돼. 그러면 엄마는 아버지가 계신 곳으로 가서도 내내 마음이 편치 않으실 거야."

"메그 언니, 약속할게."

눈물이 많은 베스와 에미가 그렇게 하겠다고 다짐했다.

네 자매는 엄마에게 밝은 얼굴을 보여 드리기 위해 재잘대며 주방으로 들어갔다. 하지만 엄마의 모습은 그리 밝아 보이지 않았다. 먼길을 떠나기 위해 식사를 하려고 애쓰고 계셨으나, 식탁의 음식은 별로 줄어든 것 같지 않았다.

"엄마, 물이라도 마셔요."

메그의 말에 골똘히 딴 생각에 빠져 있던 엄마가 화들짝 놀랐다.

"너희도 어서 먹으렴……."

엄마는 어젯밤 잠을 설치셨는지 눈이 충혈되어 있었다. 울지 말자고 단단히 약속을 하고 내려왔지만, 그들은 엄마의 애처로운 모습을 본 순간 슬픔을 주체할 수가 없었다.

조는 흐르는 눈물을 보이지 않으려고 뒤돌아서서 애꿎은 그릇만 만지작거렸다. 에미는 벌써 이층으로 올라가 버렸다. 차라리 그 편이 나을는지 몰랐다. 아직 어린 에미는 분명 엄마의 치맛자락을 붙잡고 엉엉 울어 댈 테니까.

"엄마, 가방을 현관 앞에 가져다 둘까요?"

"따뜻하게 망토를 두르고 가세요."

아가씨들은 엄마를 위해 분주하게 움직였다. 마차가 도착할 시간이 되자, 엄마는 다시 한 번 당부하는 것을 잊지 않았다.

"해너 할머니와 로렌스 할아버지가 너희들의 일을 도와주실 거야. 지금까지 해 왔던 것처럼 하면 된다. 엄마와 아버지가 멀리서나마 항상 지켜보고 있다는 사실을 잊지 않도록 해."

"걱정 마세요. 엄마가 없다고 게으름을 피우거나 함부로 행동하지는 않을 테니까요."

모든 엄마들이 그렇듯이 딸들에게 집을 맡기고 먼길을 떠난다는 일이 쉽지 않았다.

"맏언니답게 메그는 동생들을 돌보는 일에 신중하도록 해라. 어려운 일이 생기면 해너 할머니나 로렌스 할아버지께 의논하고……. 조, 너는 모든 일을 깊이 생각한 뒤에 행동하도록 해라. 그 편이 네게는 안전할 게다. 베스와 에미는 언니들의 말을 잘 듣도록 해라. 자신이 해야 할 일을 미루거나 해서는 안 된다."

자매들은 엄마가 시키는 대로 하겠다고 약속했다. 밖에서 마차 소리가 들려오자, 엄마는 딸들과 작별의 키스를 나누었다.

베스와 에미는 엄마와 헤어지는 것이 무엇보다 두려웠지만 이를 악물고 참아 냈다. 밖에는 로렌스 할아버지와 래리, 여행 가방을 든 브루크 씨가 벌써 와서 기다리고 있었다.

드디어 엄마와 브루크 씨를 실은 마차가 떠나려 하자, 아가씨들은 부지런히 손을 흔들었다. 엄마는 딸들의 밝은 모습을 보자 조금 안심이 됐다. 그리고는 옆에 앉은 믿음직한 브루크 씨에게 한 마디 했다.

"떠나올 때 밝은 햇살이 아이들 위로 비쳤어요. 앞으로 좋은 일이 생길 거예요."

네 아가씨는 로렌스 할아버지와 래리에게 감사의 인사를 하고 집으로 들어왔다.

"아, 무언지 가슴이 허전해."

메그의 한숨 소리에 베스는 이것 좀 보라며 손짓을 했다.

"여길 좀 봐. 엄마의 흔적이 있어. 우리들을 위해 떠나시는 마당에 닳아서 해진 양말을 이렇게 기워 놓으셨어."

손질한 양말들을 얌전히 정리해 두고 가신 것을 보니 가슴이 뭉클했다. 아가씨들은 약속이나 한 듯이 일제히 울음을 터뜨렸다. 이를 지켜보던 해너 할머니는 그들이 실컷 울도록 내버려 두었다. 가끔 실컷 울게 놔 두는 것도 기분 전환에 도움이 되니까.

해너 할머니는 곧 주방에서 끓여 온 커피 주전자를 들고 아가씨들 앞에 나타났다.

"자, 이리로 와요. 너무 울면 몸에 해로워요. 따뜻한 차를 마시면서 기분을 가라앉히도록 해 봐요. 도움이 될 거예요."

맛있는 커피 한 잔을 마신 그들은 자신들의 처지가 한결 나아진 기분이 들었다.

"우리 앞으로 열심히 살자."

"그래, 엄마가 계셨을 때보다 더 부지런하게 집안일을 하자."

메그와 조는 다시 일터로, 베스와 에미는 집안일에 더 시간을 들여야 했다.

다음 날 날이 밝아오자, 그들은 전보다 더 분주하게 몸을 움직였다. 해너 할머니는 오늘도 역시 일하러 가는 메그와 조를 위해 파이 한 쪽씩을 만들어 주셨다.

"우리가 출근할 때마다 엄마가 창문에서 손을 흔들어 주셨는데."

조는 벌써부터 엄마의 빈 자리를 느끼고 우울했다. 메그도 고개를 끄덕이며 혹시나 하고 뒤를 돌아보았다.

"조, 뒤를 돌아다봐."

"싫어. 우리 집 창가가 왠지 더 쓸쓸해 보일걸."

"그렇지 않아. 어서 뒤돌아보라니까."

조는 속는 셈치고 가던 길을 멈추고 뒤를 돌아보았다.

"어머, 저건 베스 아니야? 우리들을 위해 엄마가 하신 것처럼 창가에 붙어 연신 손을 흔들어 대고 있잖아."

"베스는 참 착해. 어떨 때는 우리들보다 더 어른스러운걸."

조는 움츠렸던 어깨를 쭉 펴며 베스를 향해 모자를 벗어 흔들어 주었다. 어느덧 갈림길이 나왔다.

"언니, 잘 다녀와. 개구쟁이 킹 씨네 꼬마들이 오늘은 언니의 기분을 이해해 주고 말을 잘 듣기를 기도할게."

"너 역시 마치 할머니의 꾸중 없는 하루가 되기를 빌게. 조, 네게 또 한 가지 해 줄 말이 있어. 짧은 그 머리 네게 잘 어울려."

"고마워, 언니. 집에서 다시 만나."

엄마가 떠나시고 며칠 뒤, 자매들은 기다리던 편지를 받았다. 그것은 브루크 씨가 부모님의 소식을 궁금해하는 자매들을 위해 쓴 것이었다. 내용은 워싱턴에 도착했을 당시에는 아버지의 병이 위독한 지경이었으나, 지금은 헌신적인 엄마의 간호로 많이 회복되었다는 것이다.

아버지의 병이 좋아져 갈 무렵엔 엄마의 편지도 받아볼 수 있었다. 아가씨들도 답장을 쓰느라 정신이 없었다.

메그는 예쁜 편지지를 찾아 정성스럽게 편지를 썼다.

사랑하는 엄마

엄마가 떠나신 뒤 보내신 편지를 받고 저희들은 서로 부둥켜안고 울었답니다. 아버지의 병이 많이 회복되었다는 소식에 감격해서 만세를 부르기도 했어요.

엄마 곁에 브루크 선생이 계셔 주니 얼마나 다행한 일인지 모르겠어요. 조를 비롯한 동생들은 제 말을 잘 따라 준답니다. 조는 몸을 아끼지 않고 힘든 일을 도맡아 해서 가끔 걱정이 되기도 합니다. 베스는 언제나처럼 자기 일을 다른 사람들에게 미루는 법 없이 잘 해 나갑니다. 가끔 기분이 우울할 때면 피아노를 친답니다. 에미는 언니들 말을 잘 듣고 혼자서 머리 손질을 하기도 합니다. 또, 단추구멍 만드는 일과 양말 깁는 법을 열심히 배우고 있으니, 조만간 솜씨가 나아질 거예요.

로렌스 할아버지는 우리들의 이야기를 진지하게 들어 주시고, 래리는 자주 놀러 와 우리들을 즐겁게 해 줍니다. 집안일은 해너 할머니의 도움을 받고 있는데, 저를 아주 존중해 주신답니다.

우리들은 잘 지내고 있으니 걱정 마세요. 하루 빨리 아버지가 건강을 되찾으셔서 엄마와 돌아오시기를 손꼽아 기다립니다.

맏딸 메그

메그의 편지를 읽은 엄마는 모두들 즐겁게 생활한다는 소식에 마음이 놓였다. 그리고는 조가 쓴 편지를 펼쳐 들었다.

인자하고 상냥한 엄마에게

아버지의 건강이 금방 회복되실 줄 알았어요. 아마 엄마가 그리워 병이 나신 건가 봐요. 아버지가 많이 회복되셨다는 브루크 선생님의 편지에 그만 얼굴을 파묻고 울었어요. 그리고는 내 방으로 뛰어올라가 신에게 기도했어요. 감사하다고…….

메그 언니를 비롯한 우리들은 잘 지내고 있어요. 메그 언니가 가끔 엄마 흉내를 내는 것을 보면 웃음이 절로 난답니다. 저는 예전과 별로 달라진 게 없답니다. 저는 이렇게 행동하는 것이 편하고 자연스럽지만, 숙녀답지 못한 행동은 자제하려고 노력할게요.

엄마, 얼마 전에 래리와 다툰 일을 이야기해 드릴게요. 지금 생각해 보니 왜 싸웠는지 이해가 안 될 정도로 시시한 일이었어요. 하지만 래리도 저와 성격이 비슷한 점이 있어서 미안하다는 말을 하지 않고 자기 집으로 가 버렸어요. 저도 휑 하니 뒤돌아서 집으로 왔어요. '어디 다시는 만나 주나 봐라' 하는 심정으로요. 하지만 시간이 흐를수록 내가 심했다는 생각과 함께 래리가 '사과를 하러 오면 받아 줘야지' 하고 기다렸어요.

그런데 래리도 단단히 화가 났는지 오지 않았어요. 난 '어떻게 할까' 하다가 엄마 생각이 났어요. '화난 것을 오래 갖고 있지 마라' 시던 말씀이요. 저는 사과하러 래리네 집으로 발걸음을 옮겼어요. 그런데 맞은편에서 래리가 우리 집을 향해 오는 것이 보였어요. 우리는 서로 얼굴을 마주치고는 그만 웃어 버렸어요.

며칠 전에 해너 할머니와 함께 빨래를 한 적이 있었어요. 그 참에 빨래에 관한 시를 지었어요. 함께 동봉해 드리니 아버지께 읽어 드리고 마음껏 웃으세요.

개구쟁이 딸 조

그리운 엄마에게

책갈피에 끼워 말린 팬지꽃을 사랑하는 아버지에게 전합니다. 저는 아침에 일어나면 성경책을 읽고 저녁에는 아버지가 좋아하시던 찬송가를 피아노로 치며 부른답니다.

이 곳은 걱정하지 않으셔도 돼요. 모두들 맡은 일을 열심히 하며 화목하게 지내려고 노력한답니다. 또 주변 사람들이 저희들에게 신경을 많이 써 주기 때문에 불편한 일은 없답니다. 저도 언젠가는 남에게 도움이 될 때가 있었으면 좋겠어요.

옆에 있던 에미가 자신이 쓸 곳도 남겨 놓으라고 성화입니다. 참, 엄마가 당부하고 가신 시계 태엽 감기와 각 방을 환기시키는 일은 잊지 않고 하고 있습니다. 마지막으로 아버지의 뺨에 제 키스라고 말하고 엄마가 해 주세요.

셋째 딸 베스

보고 싶은 엄마

여기는 모두 건강히 잘 지낸답니다. 저는 엄마가 계실 때보다 더 열심히 공부하고 있고, 언니들의 말도 잘 듣고 있습니다. 특히 메그 언니는 내 이야기를 잘 들어주고, 가끔 가다 내가 좋아하는 젤리를 만들어 주기도 합니다.

그런데 요즘 들어 래리 때문에 화가 나요. 저를 어린애 취급하면서 병아리라고 놀려요. 하지만 저는 래리가 좋은 사람이라는 걸 마음속으로 느낄 수 있어요.

얼마 전에 제 블라우스 소매가 떨어져 메그 언니가 새 것으로 바꾸어 주었어요. 원래 옷 색깔과 달랐지만 불평하지 않았어요. 엄마, 제 생각에는 해너 할머니가 앞치마를 반듯하게 풀을 먹여 주고, 매일 내가 특별히 좋아하는 음식을 만들어 주었으면 해요. 제가 너무 철이 없는 걸까요?

엄마, 제 나름대로 열심히 편지를 쓴 것이니, 문장 부호나 맞춤법이 틀려도 그냥 웃어 주세요. 다음 번에는 더 잘 쓰도록 할게요.

막내딸 에미

막내딸의 편지까지 모두 읽은 엄마는 마지막 남은 편지를 꺼내 들었다. 그 편지는 메그의 도움을 받아 해너 할머니가 쓴 것이었다.

마치 마님께

주인님께서 회복되어 간다는 소식에 흥분되어 몇 글자 적습니다. 네 아가씨는 게으름 피우는 일 없이 잘 해 나가고 있답니다.

메그 아가씨는 눈치가 빨라 가르쳐 주는 일을 척척 해낸답니다. 조 아가씨는 힘든 일을 가리지 않고 하지만 덤벙대는 버릇이 있어 걱정입니다. 한 번은 물이 빠지는 옷을 한데 세탁해서 다른 옷에 물이 들어 버린 적이 있습니다.

베스 아가씨는 얌전하여 조심스럽게 일을 처리합니다. 시장 가서 물건 고르는 법도 배우고 가계부 적는 일도 곧잘 한답니다. 에미는 막내라서 그런지 가끔 말도 안 되는 일로 떼를 쓰기도 합니다. 하지만 제가 만든 음식은 무엇이든 잘 먹습니다.

이웃집 로렌스 씨는 과분할 정도로 물건을 보내 주곤 하는데, 당황스러울 때가 많습니다.

아무튼 모든 일이 순조롭게 돌아가고 있으니 걱정하지 마세요. 끝으로 주인님께 안부 인사 전합니다.

해너

편지를 다 읽은 마치 부인의 눈에서 눈물이 흘렀다.
'아, 모두들 잘 견뎌 내고 있구나. 하느님, 감사합니다.'

베스의 시련

엄마가 떠난 후 일주일 정도는 집안이 잘 돌아가는 듯했다. 하지만 아빠의 병세가 호전되었다는 소식을 듣자 꽁꽁 다져 두었던 마음이 스르르 풀리는 듯했다.

아가씨들은 그 동안 너무 열심히 했기 때문에 하루 정도는 쉬어도 된

다고 생각했다. 하지만 날이 갈수록 점점 게을러져 집안일을 내팽개치
곤 했다.

"아, 감기에 걸린 것이 오히려 잘된 일이야."

조는 모자와 옷을 제대로 챙겨 입지 않고 마음껏 돌아다니다가 결국
감기에 걸리고 말았다. 하지만 조가 심한 코감기가 걸린 것을 알고 마
치 할머니께서 당분간 쉬라고 했기 때문에 조는 방에서 책과 씨름하고
있었다.

'훌륭한 예술가가 되려면 집안일과 작품 만드는 일 둘 다를 병행할
수는 없어. 그 중에 한 가지만 선택해야 한다면 당연히 작품에 충실
하는 거지.'

이렇게 결론지은 에미는 그나마 해 왔던 집안일마저 나몰라 했다.

메그는 나름대로 잘 해 나가고 있다고 생각했지만, 해너 할머니가 보
기엔 엄마께 편지 쓰는 일에 시간을 더 많이 보내는 듯했다.

베스만이 자신에게 맡겨진 일을 불평하지 않고 꾸준히 해 나갔다. 아
니 때로는 다른 자매들이 하지 않은 집안일까지 도맡아 했다.

때때로 울적한 기분이 들어 이야기를 나누고 싶었지만, 모두들 무언
가에 열중해 있어 말을 붙일 수가 없었다.

'아, 이럴 때 엄마가 계셨으면 얼마나 좋을까?'

몹시 울적한 날엔 엄마의 방으로 들어가 잠시 앉아 있다가 나오곤 했
다. 그러면 마음이 가라앉고 좀 나아지는 듯했다.

가족들은 베스의 이런 행동을 전혀 눈치채지 못했다. 그럭저럭 시간
이 흘러 어느덧 엄마가 워싱턴으로 떠나신 지도 열흘이 되었다.

"메그 언니, 훔멜 씨네 집에 가 볼 때가 되지 않았어? 엄마가 떠나실
때 당부하셨잖아."

"그래야 하는데, 다음 번에 가야겠어. 오늘은 할 일이 너무 많아."

베스의 말에 이렇게 대답하는 메그는 별로 바빠 보이지 않았다. 한가롭게 창 밖을 바라보고 있었다.

"그럼, 조 언니에게 물어 볼까?"

베스는 감기를 핑계로 집안일은 손도 대지 않고 있는 조에게 가서 훔멜 씨네 아이들을 돌봐 줄 수 있는지를 물었다.

"미안하지만, 난 아직 감기가 낫지 않은 상태야."

"이젠 괜찮은 줄 알았는데. 어제도 래리와 밖에서 노는 것 같던데."

"물론 래리와는 뛰어놀 수 있을 정도야. 하지만 아직 어린아이들을 돌볼 정도의 기운은 없어."

조는 아무 생각 없이 대답했다. 하지만 다음 순간 말실수를 한 것을 알고 베스를 쳐다보기가 어색했다. 다시 둘러댈 말을 찾다가 조답게 한 마디 던졌다.

"베스, 다른 사람들에게 부탁하지 말고 네가 갔다 오면 되잖니?"

"그 동안 내가 갔었어. 그런데 요사이 그 집 아이들이 많이 아파. 난 아직 어린애가 아파서 울거나 하면 어떡해야 할지 모르겠어. 그래서 언니들에게 부탁하는 거야."

더 이상 핑곗거리가 없어진 메그는 마지못해 베스에게 약속을 했다.

"내일은 내가 꼭 다녀올게."

"베스, 오늘 꼭 가 봐야 한다면 그렇게 안절부절하지 말고 해너 할머니께 음식을 만들어 달라고 해서 잠깐 다녀오렴."

조는 베스가 오늘 가 봐야 된다고 고집을 부리자 끝내는 이렇게 말할 수밖에 없었다.

"언니들, 난 지금 몸이 좋지 않아."

"그럼 조금만 기다려 봐. 곧 에미가 돌아올 테니까."

메그의 말에 베스는 소파로 가서 몸을 기대었다. 잠시 후면 돌아온다던 에미는 소식이 없고, 두 언니는 자신들의 일에 정신이 팔려 조금 전 약속을 까맣게 잊고 있었다.

더 이상 말할 기운도 나지 않은 베스는 주방으로 들어갔다. 해너 할머니는 요즘 들어 부쩍 피곤한지 식탁에 엎드려 곤히 자고 계셨다.

'할머니를 깨우지 말고 음식을 담아야겠다.'

착한 베스는 훔멜 씨네 갖다 줄 음식을 정성껏 담아 가지고 살며시 현관문을 나섰다.

"아, 추워."

쌀쌀한 날씨 때문에 더욱 움츠러든 작은 어깨가 오들오들 떨렸다. 하지만 외투 깃을 목까지 세우고 발걸음을 옮겼다.

그로부터 한참이 지난 뒤, 베스가 집으로 돌아왔다. 현관을 들어선 베스는 아무에게도 돌아왔다는 말을 하지 않고 천천히 엄마의 방으로 올라갔다. 만약 조가 엄마 방에 무언가 찾을 것이 있어 들어와 보지 않았다면 베스가 바깥에 나갔다가 돌아온 사실을 아무도 눈치채지 못했을 것이다.

"베스 아니니? 여기서 왜 그러고 있어?"

베스는 약상자를 펼쳐 놓고 온몸에 힘이 다 빠져 나간 듯한 얼굴로 조를 바라보았다. 조가 베스를 안아 일으키려고 팔을 뻗었을 때였다.

"내 곁에 가까이 오면 안 돼!"

작은 목소리였지만 손을 내저으며 저리 가라고 손짓했다.

"언니, 성홍열에 대해 들은 적 있어?"

"알아. 메그 언니와 나는 성홍열을 앓은 적이 있어. 그런데 갑자기 그건 왜 물어?"

베스는 잠시 마음을 진정하려는 듯 말이 없었다.

"훔멜 씨네 아기가……. 죽었어."

"그랬구나. 아기가 그토록 많이 아팠다면 내가 갈 걸 그랬구나."

"죽음을 처음 대하는 일이라 당황스러웠어. 내가 훔멜 씨네 도착했을 때 아주머니는 보이지 않았어. 아마도 의사를 부르러 갔던 모양이야. 아기 옆에는 어린 오빠가 앉아 있었을 뿐이야. 난 우는 아기를 안고 잘 달래 주었어. 그랬더니 금방 잠이 들었어. 하지만……."

"베스, 많이 힘들었겠구나."

"아기는 다시 한 번 보채더니 그 다음부터는 아무 소리가 나지 않았어. 너무 평화스러워 보여 나는 죽은 줄도 몰랐어. 뒤늦게 의사 선생님이 당도하시고는 아기가 죽었다고 말씀하셨어."

"의사 선생님께서 분명 성홍열이라고 말씀하셨니?"

"응, 나보고 옮을 수도 있으니 어서 집으로 돌아가서 쉬라고 하셨어."

조는 베스의 이야기를 듣고 자신을 한없이 나무랐다.

"내가 너에게 큰 죄를 지은 것 같구나. 너처럼 착한 마음씨를 가진 아이에게는 무서운 성홍열이라 하더라도 분명 비켜 갈 거야. 아, 난 어쩌면 좋니?"

"조 언니, 너무 걱정하지 마. 엄마가 갖고 계신 육아 서적을 찾아보니 성홍열은 머리와 목이 아프대. 그 때는 진통제를 먹으면 좀 나아질 거래."

조는 내색은 하지 않았지만 베스의 상태가 좋지 않다는 것을 느꼈다.

'훔멜 씨네 다른 아이들도 성홍열이라고 진단이 내려졌으니 베스도 십중팔구 걸렸을 거야. 그 동안 쭉 그 애들을 돌봐 주러 다녔으니까.'

베스를 침대에 눕힌 뒤, 조는 해너 할머니에게 다녀오겠다고 일러 주고 방문을 나서려고 했다.

"언니, 잠깐만."

"왜? 시킬 일이라도 있으면 이야기해."

"에미가 내 곁에 오는 것을 막아 줘. 만약 에미에게 옮기기라도 한다면 큰일이니까."

"베스……."

조는 베스가 훔멜 씨네 집으로 아이들을 돌보러 간 사이 자신은 원고지에 글을 끄적이며 빈둥거렸던 일을 한없이 후회했다.

'자기보다 다른 사람이 혹시라도 아플까 봐 저렇게 신경을 써 주다니. 자기 것을 먼저 챙기려는 나 같은 사람들은 벌을 받아야 마땅해.'

계단을 내려오던 조는 계속 자신을 꾸짖었다.

해너 할머니는 조의 말을 전해 듣고 일단 다른 아가씨들을 안심시키려 했다.

"그렇게 걱정하지 않아도 돼요. 누구나 걸릴 수 있는 병이고, 옆에서 정성스럽게 간호를 해 주면 빨리 회복할 거예요."

그리고 아가씨들이 해야 할 일들을 일러 주었다.

"의사 선생님에게 왕진을 청해서 베스의 상태를 정확히 알아야 하겠고, 그러고 난 뒤 에미를 마치 할머니 댁에 보내도록 해야 해. 전염될 수도 있으니까. 그리고……."

"또 해야 할 일이 뭐지요?"

해너 할머니도 갑작스런 일에 정신을 차릴 수가 없었다. 아가씨들에게는 큰 병이 아니라고 말했지만 악화되면 그 누구도 장담할 수 없는 병이었다.

"두 아가씨 중에서 며칠간 일 나가는 것을 그만두고 베스 아가씨를 간호하도록 하세요."

"할머니, 제가 병간호를 할게요."

메그도 조와 마찬가지로 베스가 병이 난 것에 대한 죄책감에 사로잡혀 있었다. 엄마가 안 계신 집안의 가장으로 동생이 저 지경이 되도록 살피지 못한 일이 너무나 죄스러웠다.

'그 날 베스의 안색을 살펴보고, 내가 갔더라면 좋았을 것을……'

하지만 이제는 어쩔 수 없었다. 이제는 베스의 병이 낫도록 열심히 간호하는 수밖에 도리가 없었다.

조가 메그에게 말했다.

"언니, 내가 베스 옆에서 간호할 수 있도록 해 줘. 베스는 나 때문에 저렇게 된 거야. 내 잘못이야. 부디 나에게 베스에게 잘못을 씻을 수 있는 기회를 줘."

그러자 옆에 있던 해너 할머니가 말했다.

"두 사람이 병간호를 할 필요는 없어요. 그럼 베스에게 물어 보기로 하죠."

해너 할머니는 침대에 누워 있는 베스에게 다가가 나지막이 물었다.

"오늘부터 베스 아가씨는 최대한 몸을 쉬어야 해요. 그럴려면 누군가 아가씨 옆에서 이야기도 들어주고 음식 먹는 것을 도와주어야 해요. 두 언니 중에 어느 쪽이 편할까요?"

"다른 사람들에게 폐를 끼치고 싶지 않지만 정 그렇다면 조 언니가 곁에 있어 주었으면 해요."

메그는 이를 받아들이고 에미에게 베스가 아픈 사실을 알려 주겠다고 밑으로 내려갔다.

"싫어, 난 그냥 집에 있을 거야. 마치 할머니 댁에서 지내는 건 정말 싫어. 하루에도 몇 번씩 나를 간섭하려 들 것이고 그러면 난 숨이 막혀 죽어 버릴지도 몰라."

"에미, 그렇지 않아. 조 언니도 마치 할머니 댁에서 일을 도와주며 잘 지내고 있잖아?"

"조 언니와 난 달라. 아무튼 난 가지 않겠어."

"에미, 그렇게 고집을 부리고 여기 머물게 되면 너까지 성홍열에 걸릴지도 몰라. 지금 엄마도 계시지 않은데."

"그렇기는 하지만……."

메그 언니의 말이 이해는 되었지만 마음이 움직여 주지 않았다. 여러 번 타이르고 상황을 설명해 보았지만 말을 들으려 하지 않았다.

"어휴, 고집쟁이. 네 마음대로 해!"

메그는 에미에게 톡 쏘아붙이고 해너 할머니에게 도움을 청하러 올라갔다.

이 날도 래리는 습관처럼 마치 가를 찾았다. 거실에는 에미 혼자 눈물을 글썽이며 울고 있었다.

"에미, 왜 그러니?"

"베스 언니가 성홍열에 걸린 것 같아. 그래서 언니들은 내게 마치 할머니 댁에 가 있으라고 해."

래리는 착한 베스가 병에 걸렸다니 마음이 아팠다. 그리고는 에미에게 자신이 세운 계획을 들려줬다.

"너를 위해 언니들이 그렇게 결정한 거야. 그러니 따르도록 해. 그 대신 내가 마치 할머니 댁에 자주 가서 너와 놀아 줄게."

"정말? 내가 있는 곳에 놀러와서 마차도 태워 주고 산책도 시켜 줄 수 있어?"

에미는 어차피 마치 할머니 댁에 가야 한다면 래리의 제의도 괜찮은 것이라고 생각하면서 재차 물었다.

"그럼, 정말이고말고. 네가 말한 것을 다 들어줄게. 그리고 언제쯤 베스의 병이 나을 거란 이야기도 갈 때마다 전해 줄게."

"그럼 좋아. 하지만 베스의 병이 성홍열이라는 의사 선생님의 진단이 내려진 후에 집에서 출발하겠어."

이층에서 상심한 얼굴로 내려오는 메그와 조를 본 래리는 조심스럽게 물었다.

"베스는 좀 어때?"

"지금 막 잠이 들었어."

"별일 아니어야 할 텐데……. 내가 도울 일은 없니?"

"글쎄……. 아 그렇지. 의사 선생님을 모시러 가야 해. 나와 함께 가 줄 수 있지?"

조의 부탁에 래리는 혼자 다녀올 수 있다고 바삐 나갔다.

이윽고 뱅즈 선생님께서 도착하셨고, 베스의 상태를 보이기 위해 이층으로 안내했다. 베스를 진찰하신 선생님은 성홍열에 걸린 것은 사실이지만, 아직 심한 정도는 아니라고 말씀하셨다. 하지만 혹시 모르니까 에미는 다른 곳으로 가 있는 것이 좋겠다고 일러 주셨다.

조와 래리는 에미를 데리고 마치 할머니 댁을 찾았다. 에미는 조의 뒤에 숨어 앞으로 나오지 않았다.

"베스가 괜한 짓을 했구나. 남의 일에 관여를 해서 좋을 게 없다. 네 아빠와 엄마를 봐도 그렇지 않니. 에미가 이 곳에 머무르는 동안 아무 일도 하지 않고 지낼 수는 없으니 맡겨진 일을 하겠다고 약속한다면 있어도 좋다."

역시나 마치 할머니께서는 부모님께서 어려운 사람들을 위해 선행을 베푸는 것에 대해 불평을 늘어놓았다.

예전 같으면 자랑스러운 부모님을 헐뜯지 말라고 한 마디 했을 조였지만, 엄마도 안 계신 마당에 에미를 따로 맡길 데가 없었으므로 꾹 참고 있었다.

에미를 놔 두고 나오는 길에 래리가 조의 등을 다독거려 주었다.

"조, 너답지 않게 왜 그래. 용기를 내."

하지만 시간이 흐를수록 베스의 병은 점점 악화되어 갔다. 로렌스 할아버지가 베스에게 문병을 오려고 했으나 허락되지 않았다.

조가 베스의 간호를 맡았기 때문에 메그는 집안일을 돌보기 위해 가정교사 일을 잠시 그만두었다.

메그는 엄마에게 편지를 쓸 때 속이는 것 같아 항상 마음 한 구석이 개운치 않았다. 하지만 해너 할머니는 엄마께 베스가 아픈 사실을 알리지 않는 것이 좋다고 말씀하셨기 때문에 편지에는 쓰지 않았다.

며칠 전 다시 한 번 해너 할머니께 여쭈었다.

"할머니, 베스의 상태가 생각보다 좋지 않은데, 엄마에게 편지를 써서 알려야 하지 않을까요?"

"하지만 주인님을 간호하고 계신 마님께 이 사실을 알린다고 해도 지금 상황으로서는 별다른 도리가 없어요. 괜히 먼 곳에 있는 사람의 마음만 괴롭게 할 뿐이에요. 당분간 베스의 상태를 지켜본 뒤에 결정하도록 해요."

조는 베스의 곁을 떠나지 않고 종일 시중을 들었다. 베스는 다른 사람들에게 괴로움을 주지 않기 위해 되도록 얌전하게 있었다. 하지만 이런 노력에도 불구하고 가끔씩 정신을 잃기도 했다. 헛소리를 하며 손을 내젓다가 결국엔 엄마를 소리쳐 불렀다. 열이 높아 몸이 불덩이처럼 뜨거워질 때면 피아노를 치는 시늉을 하는 등 의식이 흐려졌다.

"아, 베스가 너무 가엾어. 더 이상 쳐다볼 수가 없어."

조는 언니에게 매달리며 울부짖었다. 메그는 아무래도 엄마에게 편지를 띄워야겠다고 생각했다.

"할머니, 베스의 일을 아무래도 엄마에게 전하는 것이 좋겠어요."

"그래요, 메그의 뜻대로 하도록 해요."

하지만 시련은 엎친 데 덮쳐 온다고 했다. 엄마에게서 온 편지에는 다시 한 번 슬픈 소식이 묻어 왔다.

"아, 이를 어쩌면 좋아. 아빠의 상태가 다시 나빠지셨대."

"그럼 엄마도 당분간 돌아오시기 힘들겠네……."

메그와 조는 다시 한 번 집안에 찬바람이 불어오는 것을 느꼈다.

"할머니, 이 상황에서 엄마께 베스의 일을 알려 드리면 안 되겠지요? 베스의 곁으로 오지 못하는 엄마의 마음만 괴롭혀 드리는 게 될 테니 말이에요."

"아가씨들 힘내세요."

해너 할머니의 입에서 긴 한숨 소리가 흘러나왔다.

밝고 웃음이 넘치던 집안이 어둠에 휩싸이게 되자, 아가씨들은 비로소 무엇이 제일 소중한지를 깨달았다.

메그는 멋진 집과 화려한 옷들만 있으면 행복할 거라고 생각했던 자신이 한없이 부끄러웠다. 가족들의 건강과 화목함이 얼마나 소중한 것인가를 새삼 깨달았다. 그리고 그 동안 그런 것들이 넘쳐나 있어서 귀중한 것이라는 사실을 알지 못했음을 깨달았다. 이런 생각들이 머릿속을 스쳐 지나가자 메그는 바느질하고 있던 옷감에 얼굴을 묻고 흐느껴 울었다.

병마와 싸우고 있는 베스를 옆에서 지키고 있던 조 역시 많은 것을 깨닫고 있었다. 사람이란 시련 속에서 희망을 보고 배운다고 했듯이 시련은 사람을 변하게 만들었다.

'베스, 그 동안 너로 인해 여러 사람들이 행복한 시간을 가질 수 있었어. 네가 아프지 않았다면 아마 이처럼 뼈저리게 느끼지 못했을 거야. 네가 우리에게 보여 준 것들은 돈이나 귀한 물건보다 소중한 사랑이었어. 너는 너무나 고귀한 성품을 지녔어. 너를 알고 있는 사람들은 지금 너를 위해 모두 기도하고 있어. 네가 우리와 다른 사람들에게

했던 것처럼 말이야.'

예전에도 조는 자신과는 다른 성격의 베스를 막연히 부러워했다. 하지만 지금에야 그것이 무엇이었는지 깨달은 것이다.

홀로 떨어져 마치 할머니 댁에 머물고 있는 에미도 아픈 언니를 위해 기도했다. 어리광만 부리는 자신과는 달리 항상 양보하던 베스를 생각하니 눈물이 핑 돌았다.

'그래, 내가 해야 할 집안일도 아무렇지 않게 베스에게 부탁하곤 했어. 그러면 베스는 아무 말 없이 대신 해 주곤 했지. 여러 번 그러다 보니 고마운 마음은 들지 않고 당연하게 생각했어. 내게는 아무렇지도 않은 행동들이 다른 사람에게는 고통스러울지도 모른다는 생각을 한번도 하지 않았어.'

에미는 베스가 낫게만 되면 베스가 원하는 일은 모두 들어주리라 다짐했다.

베스를 걱정하는 사람들은 이들뿐만이 아니었다. 래리는 안절부절못하고 마치 가를 들락거렸다. 로렌스 할아버지 역시 표현은 하지 않았지만 베스가 치던 피아노 앞에 앉아 무언가를 골똘히 생각하곤 했다.

그 외에도 베스가 다니던 가겟집 아저씨, 빵집 아줌마, 우유를 배달하던 청년까지도 항상 베스의 상태를 묻곤 했다.

언젠가는 훔멜 씨네 아주머니가 집으로 찾아왔다.

"어떻게 용서를 빌어야 할지. 우리 집에 와서 아이들을 돌보지만 않았더라도 이런 불행한 일은 없었을 텐데."

아주머니는 진심으로 용서를 구하고 울면서 돌아갔다.

조와 메그는 요사이 베스의 문병을 위해 찾아온 사람들을 맞이하며 내심 놀랐다.

"언니, 얌전하기만 한 베스가 이렇게 많은 사람들로부터 사랑을 받고 있는지 몰랐어.”

“나도 마찬가지야. 사람들과 어울리며 대화하는 것을 좋아하지 않는다고만 생각했었는데.”

베스는 정신이 좀 드는 날이면 힘없는 소리로 조에게 고마움을 표시하는 것을 잊지 않았다.

“조 언니……. 고마워.”

“베스, 정신이 드니? 물 좀 마실래?”

베스는 에미가 할머니 댁에서 잘 지내고 있는지 소식을 묻기도 했고, 기운이 조금이라도 있는 날에는 종이와 펜을 찾아 엄마에게 편지를 쓰겠다고 했다. 하지만 결국 한 줄도 쓰지 못하고 펜을 내려놓고 누워 버렸다.

베스의 몸은 하루가 다르게 야위어 갔다. 이제는 의식이 돌아오는 날이 드물었다. 가끔씩 하던 헛소리도 이제는 거의 매일 하다시피 하면서 괴로운 듯 연신 신음 소리를 냈다.

뱅즈 선생님은 자주 베스의 병세를 보러 오셨다. 메그는 혹시나 하는 생각에 전보를 칠 종이를 구해다가 서랍 속에 넣어 두었다.

이제 어느덧 12월로 접어들었다. 하루는 뱅즈 선생님이 해너 할머니에게 눈짓하며 잠시 보자고 불렀다.

“선생님, 혹시 베스 아가씨가…….”

“만약을 생각해서 마치 부인이 베스 양 곁으로 돌아오시는 것이 좋을 듯합니다.”

“아!”

해너 할머니는 그 자리에 털썩 주저앉았다. 그 동안 우려했던 일이 일어날지도 모르는 상황이었다. 할머니는 눈앞이 캄캄해졌다.

“착하디 착한 베스 아가씨에게 이런 가혹한 벌이 내리다니.”

뱅즈 선생님이 돌아가시고 난 뒤, 조는 해너 할머니에게 무슨 말씀을 나누었는가를 물었다.

"조 아가씨, 제 말 잘 들으세요. 엄마께 전보를 치는 것이 좋겠어요. 지금 당장……."

말끝을 잇지 못하는 할머니 앞을 지나 조는 벌써 전보 용지를 들고 밖으로 내달았다. 달려나가는 조의 얼굴엔 어느 새 눈물범벅이 되어 있었다.

한참 후에, 돌아온 조의 꼴은 말이 아니었다. 너무나 놀라 옷을 입을 겨를도 없이 나간 조는 집에서 입던 옷 그대로 추운 줄도 모르고 현관에 우두커니 서 있었다.

"조! 조!"

누군가 부르는 소리에 문득 정신을 차린 조는 사방을 둘러보았다.

"나야, 래리."

"아, 래리구나. 언제 왔어?"

"응, 조금 전에. 기쁜 소식이 있어."

조는 기쁜 소식이란 말에도 별로 궁금해하는 눈치가 아니었다. 베스의 일을 생각하면 가슴이 터질 것 같았다.

"네 아빠의 병이 다시 나아지기 시작했다는 소식이야."

"다행이야. 하지만……."

"혹시 베스가 위험한 지경에 이른 것은 아니지?"

"이젠 메그 언니와 나도 알아보지 못하는 걸. 눈에 보이지도 않는 것을 부르는 등 제정신이 아니야. 그래서 지금 엄마에게 전보를 치고 오는 길이야."

조는 결국 울음을 터뜨렸다.

"조, 진정해. 아빠가 좋아지신 것처럼 베스도 곧 좋아질 거야."

래리는 조의 약해진 마음을 위로하며 손을 잡아 주었다. 조는 멀리 있는 신의 손길보다 바로 앞에서 따뜻하게 잡아 주는 래리가 더없이 고마웠다.

래리는 조에게 무언가 위로의 말을 해 주고 싶었지만 근사한 말이 떠오르지 않았다. 단지 조를 말없이 바라보다가 머리를 조금 쓰다듬어 주었다. 조는 래리의 진심어린 따뜻한 마음을 느꼈다.

"래리, 고마워. 조금 기운이 나는 것 같아.

"최악의 경우까지 미리 생각할 필요는 없어. 용기를 잃지 말고…….
이제 곧 엄마도 돌아오실 거고…….."

래리는 갑자기 생각난 듯 포도주 한 컵을 따라 들고 왔다.

"조, 이걸 좀 마셔 봐. 난 기분이 울적해지면 가끔 마시곤 해. 그러면 마음이 좀 누그러지는 듯해."

포도주를 마시고 있는 조를 향해 래리가 한 가지 더 기쁜 소식을 알려 주었다.

"조, 네게 용서를 빌 일이 생겼어."

"무슨 소리야?"

"사실은 메그와 너의 허락도 받지 않은 채, 어제 베스의 상태를 알리는 전보를 쳤어. 아마 오늘 밤 중에 엄마께서 도착하실 거야."

"그게 정말이야?"

"사실이야. 브루크 선생님으로부터 너희 아빠의 건강이 다시 회복되어 간다는 소식을 듣고, 할아버지와 의논했어. 물론 전에도 몇 번 그런 생각을 했지만 해너 할머니로부터 야단을 맞았어. 그래서 이번에는 할아버지의 허락만 받은 채 전보를 쳤던 거야. 너의 집안일에 내가 너무 깊이 관여하는 게 아닐까, 실수를 하는 건 아닐까 하고 많이 망설였지만, 결국 그렇게 하는 것이 올바른 방법이라는 결론을 내리게 된 거야.”

“래리, 정말 고마워. 우리가 할 수 없는 일을 네가 대신해 줬어.”

조는 너무 좋아 래리를 끌어안았다. 그리고 이내 이층으로 올라가 메그와 해너 할머니께 이 소식을 전했다. 소식을 들은 메그도 기쁜 표정이었으나 침대에 누운 베스를 바라보고는 이내 슬픈 얼굴이 되었다.

엄마가 돌아오신다는 사실도 모른 채, 베스는 혼수 상태에 빠져 있었다. 예전의 모습은 온데간데없고 창백한 얼굴에 초췌한 모습이었다.

가끔 가다 물을 찾을 뿐 거의 움직이지도 않았다. 뱅즈 선생님이 오셔서 진찰하시며, 오늘 밤 베스의 상태를 잘 지켜보라고 말씀하셨다.

“오늘 밤이 최대의 고비야. 오늘만 잘 넘기면 괜찮아질 거야.”

메그와 조는 두 손을 꼭 잡고 서로 바라보았다.

“베스……. 제발 기운 차려. 조금만 기다리면 엄마가 오실 거야.”

조가 울먹이는 목소리로 말했다.

다른 사람들도 베스가 오늘 밤을 잘 넘겨 주기를 기도했다.

시간이 흐르자, 해너 할머니는 지쳐 잠이 들고 말았다. 거실에서는 로렌스 할아버지가 불안한지 의자에 앉아 있지 못하고 이리저리 왔다갔다 했다.

래리는 마차로 마치 부인을 모시러 가야 했기 때문에 아래층에 대기하고 있었다. 잠시 잠을 청하려고 했으나 뜻대로 되지 않았다.

두 아가씨는 베스의 침대 곁을 떠나지 않고 꼭 지키고 있었다. 어느 누구라도 베스를 데려가지 못하게 두 눈을 부릅뜬 채.

하지만 시간이 흐를수록 점점 약해져만 가는 베스의 숨소리를 들으며 점점 자신을 잃어 가고 있었다.

“오, 하나님. 우리 베스를 데려가지 말아 주세요. 바라는 대로 해 주신다면 평생 믿고 따르겠습니다.”

"저도 약속 드릴게요. 우리 베스를 부디 지켜 주세요."

그들은 진심으로 신을 향해 무릎 꿇고 기도를 드렸다.

"아, 너무 고통스러워! 베스가 저렇게 괴로워하는데도 아무것도 해 줄 수가 없다니 말이야."

"앞으로도 이런 고통이 계속된다면 살고 싶어지지 않을 거야."

어느 새 주위는 적막 속으로 빠져들고 있었다. 괘종시계만이 가끔 종을 쳐 시간을 알려 주었다.

12번의 종 소리가 들리자, 그들은 베스의 얼굴을 조심스럽게 들여다보았다. 그들이 잠시 한 눈을 판 사이 어딘지 좋지 못한 기운이 스며들어간 듯했다.

다시 1시를 알리는 종 소리가 들려왔다.

"아, 조금만 있으면 엄마가 도착하실 거야. 새벽 2시쯤 역에 도착한다고 하셨으니까."

"그래, 조금만 있으면……."

베스의 가여운 모습에 울적해 있던 그들도 잠시 후면 엄마가 오신다는 생각에 기운을 얻었다. 엄마가 이 집에 들어서는 순간 베스의 병이 당장 나을 것 같은 희망을 가지고 있었기 때문이다.

드디어 2시를 알리는 시계 소리가 들려왔다.

조는 그 때부터 문 밖에서 들리는 마차 소리에 귀를 기울였다. 하지만 밖에서는 아무런 소리도 들려오지 않았고, 그들은 다시 불안한 생각에 빠졌다.

"언니, 아직 마차 소리 못 들었지?"

"그래. 아마 기차 시간이 조금 늦어지나 보다."

조는 베스가 누워 있는 침대 곁을 떠나 창가로 다가갔다. 바깥 세상은 온통 새하얀 눈으로 덮여 있었다.

창 밖을 바라보며 한동안 엄마 생각도 아픈 동생 생각도 하지 않았다. 머릿속은 흰 눈처럼 하얗게 변해 있었다.

옆에서 흐느끼는 소리가 들리지 않았더라면 조는 자신이 왜 여기에 서 있는지조차 알지 못했을 것이다. 며칠 동안 감당할 수 없는 일에 부대껴서 한편으론 이 곳을 벗어나고 싶다는 생각을 했는지도 모른다.

"언니, 왜?"

조는 뒤돌아보며 메그를 부르려다 말고 그 자리에 멍하니 서 있었다. 메그가 어깨를 축 늘어뜨리고 흐느껴 울고 있었다.

'어떻게 된 거야? 설마 베스가 죽은 건 아니겠지. 아니, 그럴지도 몰라. 메그가 저렇게 슬피 울고 있는 걸 보면.'

조는 이 상황에서 어떻게 행동해야 할지 몰랐다. 우선 베스의 얼굴을 보고 싶었다. 조금 전까지 앓는 소리를 내던 베스는 더 이상 신음 소리를 내지 않고 백지장 같은 얼굴로 조용히 잠들어 있었다.

'베스, 너를 위해 지금은 울지 않을 거야. 이제야 편히 잠든 너를 위해 참을 거야. 착한 베스, 부디 좋은 곳으로 가서 행복하게 살아라.'

조는 마음속으로 베스에게 마지막 인사를 했다. 그리고는 베스의 이마에 키스해 주었다.

그들의 움직임에 흠칫 놀란 해너 할머니는 주변을 두리번거리더니 정신이 든 듯 베스의 침대 곁으로 왔다.

앙상한 베스의 팔을 살며시 만져 보고 난 뒤 얼굴을 살폈다. 그리고는 기쁜 얼굴로 아가씨들을 돌아보며 조용히, 그러나 흥분한 목소리로 속삭였다.

"이제 괜찮을 거예요. 열도 내리고 숨소리도 아주 좋아요. 한시름 놓았어요."

조와 메그는 해너 할머니가 잠이 덜 깨 잘못 본 것이라 생각했다. 하지만 곧 뱅즈 선생님이 진찰을 하러 오셨고, 해너 할머니의 말대로 되었다.

"이제 됐어요. 큰 고비는 넘겼으니까 주변을 조용히 해서 환자가 편히 쉴 수 있도록 해 주세요. 그래야 몸을 빨리 회복할 수 있으니까. 먼저 먹기 쉬운 음식부터 주도록 하고……."

그 다음 일은 해너 할머니에게 맡겨 두고 두 아가씨는 방을 나왔다. 그 자리에서 만세라도 부르고 싶은 심정이었지만 조용히 해 주어야 한다는 의사 선생님 말씀대로 방을 나왔던 것이다.

두 사람은 얼싸안고 기쁨을 나누었다.

"조, 정말 수고했어."

"무슨 말이야. 언니가 그 동안 집안을 이끌어 가느라 고생을 많이 했잖아."

"아, 꿈만 같아. 베스가 병에서 해방될 수 있다니 말이야."

다시 한 번 확인하기 위해 들어간 방에서는 밝은 빛이 비치는 듯했다. 베스는 예전에 하던 버릇대로 한 손을 얼굴 밑에 넣고 곤히 잠들어 있었다.

핏기가 없던 볼에 이제는 발그스름한 기운이 돌았다. 비로소 안도의 한숨이 흘러나왔다.

"참, 엄마는 어떻게 되었을까?"

잠시 베스의 회복에 정신이 팔려 새벽에 도착하신다던 엄마를 잊고 있었다. 하지만 조금 늦어지는 것쯤은 이제 여유롭게 기다릴 수 있었다.

새벽이 밝아오는지 주변이 조금씩 빛을 발하기 시작했다.

"이리 와 봐, 조."

메그는 봉오리가 막 벌어지기 시작한 장미꽃 한 송이를 보여 주었다.

"오늘 막 피기 시작했어. 베스가 눈을 뜰 때 바로 쳐다볼 수 있도록 머리맡에 놔 두어야겠어."

해님이 막 얼굴을 내미는 순간을 메그와 조는 아주 편안한 마음으로 바라보았다. 그 때 아래층에서 초인종 소리가 들려왔다.

"언니, 벨 소리야. 엄마가 오신 게 틀림없어."

"그래? 난 못 들었는데."

조는 자신의 귀를 믿으라며 부리나케 아래층으로 달려 내려갔다.

"모두 이리로 나오세요! 엄마가 돌아오셨어요!"

래리가 마치 자신의 엄마가 살아 돌아오기라도 한 것처럼 큰 소리로 외쳤다.

가족들과 함께 어려움을 겪지는 못했지만 에미도 나름대로 마치 할머니 댁에서 힘들게 지내고 있었다. 하지만 가족들을 위한 사랑, 특히 베스를 위한다는 생각으로 그 괴로움을 이겨 냈다.

마치 할머니도 에미를 사랑스런 아이라고 인정했다. 하지만 한편으로는 막내로 자라 제멋대로 행동한다고 생각했다. 그래서 자신의 방식대로 에미를 교육시켜야 한다고 결론지었다. 즉, 명령이나 규칙 같은 것을 만들어 두고 지키지 않을 때에는 엄한 벌과 많은 일감을 주었다.

아침에 일찍 일어나서 처음에 할 일은 그릇을 깨끗이 씻어서 정리하는 것이었다. 그리고 은이나 동으로 된 그릇들을 윤이 나도록 닦아야 했다. 다음으로 에미를 기다리고 있는 고된 일은 집 안의 먼지를 없애는 일이었다. 특히 무늬가 있는 가구들은 청소하는 데 가장 힘들었다.

"에미, 너 이리 와 봐라."

"할머니, 왜 그러세요?"

"여기는 마른 걸레로 청소하랬잖아."

"조금 전에 다 했는데……."

"쯧쯧쯧. 여자가 그렇게 지저분해서야. 다시 깨끗이 닦도록 해."

할머니는 눈이 에미보다 더 밝은 듯 잘 보이지 않는 먼지까지 찾아내 꾸짖곤 했다. 앵무새 폴리와 강아지를 돌보는 일도 에미의 차지였다.

그 외에도 자질구레한 일들, 예를 들면 다른 사람에게 전할 말이라든가 물건을 찾는 등의 일도 에미가 해야 할 일이었다. 그런 뒤에 에미는 다시 할머니의 명령대로 공부를 해야만 했다. 자유시간이라곤 고작 한 시간이 채 되지 못했다.

이 생활이 너무나 싫어서 에미는 하루빨리 집으로 돌아갔으면 하는 생각뿐이었다. 그 중에서 즐거움을 찾으라고 한다면 래리가 거의 매일 찾아와 준다는 것이었다. 기사처럼 나타난 래리는 에미 공주를 마차에 태우고 근처를 산책하거나 가끔 가다 연극을 보러 가기도 했다.

하지만 에미는 점심을 먹고 난 뒤에는 마치 할머니가 원하는 책을 소리 내어 읽어 드려야 했다.

"어제 읽은 다음부터 읽도록 해."

"읽을 테니 잘 들으세요."

할머니는 몇 줄 듣지도 않고 잠이 들어 버리곤 했다.

저녁때가 되면 여자라면 반드시 익혀야 한다고 강조하시는 수를 놓거나 다소곳이 앉아 바느질을 해야 했다. 저녁 식사 후면 돌아오는 일과도 제일 하기 싫어하는 것들 중 하나였다.

"내가 처녀 적에는 물건들이 아주 귀했어. 그런데 요즘 젊은 것들은 돈 귀한 줄 모르고 마구 써 댄단 말이야. 그리고 그 입고 다니는 모양새 하며……."

이렇게 시작된 할머니의 낡아빠진 설교는 다른 사람이 듣거나 말거나 지칠 줄 모르고 계속되었다.

겨우 하루의 일과에서 해방이 되면 이런 생각 저런 생각을 하고 싶었지만 어느 새 눈꺼풀이 천근 만근 짓눌러 왔다.

"아, 졸려. 비참한 내 처지는 내일 불평해야겠다."

그리고는 스르르 잠이 들어 버렸다.

에미를 이 곳에서 견딜 수 있게 하는 것은 래리 외에 마치 할머니가 가장 신임하는 에스터 아주머니가 있기 때문이었다.

"아가씨, 날로 바느질 솜씨가 늘어 가네요."

"말로만 칭찬하지 말고 내가 원하는 것을 하나 해 주세요."

"좋아요, 내가 할 수 있는 일로 말해 보세요."

"음……. 저번에 하다가 만 프랑스에서 지냈던 일들을 이야기해 주세요."

에미는 에스터 아주머니에게 이야기 듣는 것이 아주 즐거웠다. 또한 아주머니는 에미에게 이 집의 구석구석까지 안내해 주기도 했다. 장식장 안의 물건도 구경할 수 있게 해 주었다. 에미는 반짝이는 장신구와 특이한 물건들을 보고 탄성을 질렀다.

"어머, 너무 예쁘다. 메그 언니와 함께 봤더라면 좋았을 것을……."

불현듯 아름다운 장신구를 좋아하는 메그 언니가 떠올랐다. 에미의 눈에 눈물이 그렁거렸다. 얼른 눈물을 거둔 에미는 에스터 아주머니가 보여 주는 또다른 상자에 눈이 갔다.

"아가씨, 이건 마치 할머니의 보물 상자랍니다. 내게만 보여 주신 귀중한 물건이랍니다. 이걸 본 것은 절대 비밀입니다. 아셨죠?"

"아무에게도 말하지 않겠다고 약속할게요."

그 속에는 마치 할머니의 역사가 들어 있는 것 같았다. 처녀 적에 사용했던 장신구, 결혼 반지와 함께 눈에 띄는 것이 있었다.

"여긴 아빠의 이름이 적혀 있네. 흠, 이건 아빠가 할머니의 기념일에 보내 드린 진주목걸이구나."

그 외에도 할머니의 친딸이 어린 시절 사용했던 팔찌와 손목시계, 휘

황찬란한 보석들이 담겨져 있었다.

"에미 아가씨는 이 중에서 어느 것이 가장 마음에 드나요?"

"글쎄요. 다이아몬드 반지도 마음에 들고……."

눈부신 보석들 중에 어느 한 가지만을 고른다는 것은 힘들었다. 에스터 아주머니는 빙그레 웃으며 보물 상자의 열쇠를 채웠다.

"그런데 만약 할머니께서 돌아가시면 이것들의 주인은 누가 되나요?"

"후후, 알고 싶으세요?"

"궁금해요. 아시면 살짝 이야기해 주세요. 다른 사람에게는 말하지 않을 테니까."

"놀라지 마세요. 아마도 마치 가의 네 아가씨의 소유가 될 거예요. 언젠가 유언장에 그렇게 쓰시는 걸 본 적이 있어요."

에미는 눈이 동그래지며 설마 하는 표정을 지었다. 그러다가 잠시 후에 환호성을 질렀다.

"와, 마치 할머니 만세!"

"그렇게 좋으세요?"

"예. 그토록 냉정하신 분이 우리들을 위해 선물을 남겨 놓으신다고 생각하니……."

"아가씨가 집으로 돌아가는 날에는 기념으로 조그만 반지를 선물 받게 될 거예요."

에미는 아주머니의 반지 이야기를 들은 후에 마치 할머니를 대하는 태도가 달라졌다. 또한 할머니도 고분고분해진 에미의 태도에 만족해하셨다.

아주머니가 기도하는 모습을 본 에미가 궁금한 듯 물었다.

"기도를 열심히 하시네요."

"그래요. 나는 마음이 혼란스러울 때면 항상 기도를 해요. 그러면 들뜬 마음이 가라앉고 편안해져요."

"요즘 들어 베스 언니의 상태가 좋지 않다는 소식을 듣고 마음이 불안해서 견딜 수가 없어요."

"저런, 안 됐군요. 아가씨, 내가 조용히 기도할 수 있는 작은 방을 꾸며 줄 테니 시간이 나면 그리로 가서 베스 아가씨를 위해 기도하도록 하세요."

다음 날, 아주머니는 에미에게 작은 방을 마련해 주었다. 그 곳에는 마음을 편안하게 해 주는 그림도 걸려 있었다.

에미는 자신의 상황을 받아들이려 노력했다. 어려움을 신에게 의지하며 자신을 다스려 나갔다.

에스터 아주머니로부터 할머니의 유언장에 대한 이야기를 들은 뒤로는 자신도 유언장을 만들어 보고 싶다는 엉뚱한 생각을 했다.

'그래, 주변 사람들에게 내가 남겨 줄 수 있는 것에 어떤 것이 있는지 적어 보자.'

사실 에미에게 그럴싸한 물건이라고는 별로 없었다. 하지만 남들이 하찮게 여기는 물건들일지라도 에미에게는 귀한 보물들이었다.

에미는 휴식 시간을 이용하여 유언장을 꼼꼼히 쓰기 시작했다.

"휴, 다 됐다. 생각보다 어렵네. 이제 보증인만 확보하면 되겠지. 일단 에스터 아주머니가 해 주실 거고, 다른 한 사람은……."

에미는 래리가 오면 보증인이 되어 달라고 부탁하기로 했다.

유언장을 작성한 지 며칠이 지났다. 아침부터 오기 시작한 비는 그칠 기미가 보이지 않았다.

"에미 아가씨, 지루하세요?"

"예, 비가 오니까 산책도 할 수 없고 갑갑해요."

"그럼, 옷장이 많은 방으로 가서 놀도록 해요. 그 곳에 있는 옷들은 새 것이 아니니까 에미가 입고 놀아도 좋아요."

"와, 에스터 아주머니가 최고야!"

에미는 한걸음에 옷장이 있는 곳으로 달려갔다. 그 곳에는 신기한 옷들이 많았다.

인도인들의 복장을 입어 보기도 하고, 여러 가지 색깔의 모자를 번갈아 써 보기도 했다. 그리고 아름다운 숙녀처럼 폼을 내며 걷기도 하고, 마치 멋진 신사를 만난 것처럼 가볍게 고개를 까딱이기도 했다. 어색한 높은 구두를 신고 깃털 부채를 연신 부쳐 대며 이리저리 다니는 모습은 흡사 어릿광대 같았다. 앵무새 폴리는 잠시도 입을 다물지 않고 까불고 있었다.

래리는 에스터 아주머니가 일러 준 대로 옷장이 있는 방을 찾았다. 그리고 에미를 부르려다가 살며시 문을 열고 안을 들여다보았다. 에미의 어리광스런 모습을 재미있게 지켜보고 있을 뿐, 아는 척을 할 수 없었다.

'후후, 재미있는 놀이를 하고 있네. 에미의 모습이 행복해 보여.'

얼마간의 시간이 흐른 뒤, 에미는 이제 이 놀이에 싫증이 난 듯 보였다. 래리는 그 때야 문을 노크해서 자신이 왔다는 사실을 알렸다.

"래리, 잘 왔어요."

오늘따라 래리의 방문이 한층 더 반가웠다. 대충 어질러진 방 안을 치운 에미는 래리를 의자에 앉도록 했다.

그리고 부리나케 무언가 들고 와서는 래리 앞에 내밀었다.

"이게 뭐니?"

"응, 읽어 보고 사인해 줘. 내 유언장이야."

"무슨 소리야? 유언장 놀이를 하자는 거니?"

"내 말을 우습게 듣지 마. 난 지금 진지하게 이야기하는 거야. 사람이

란 언제 무슨 일이 일어날지 모르잖아. 그 때 가서는 후회해도 소용이 없어. 그래서 이렇게 미리 내 물건을 누구에게 줄 것인지를 적어 놓기로 했어."

래리는 나오는 웃음을 참느라고 입술을 깨물었다. 그리고는 정중하게 에미의 유언장에 사인을 했다.

에미의 유언장

나는 내가 가진 전부를 사랑하는 사람들에게 남기려고 합니다.

먼저 아빠께는 내가 그린 그림과 그림 도구 외에 그 동안 모은 백 달러를 드립니다. 사랑하는 엄마께는 내 옷과 초상화, 메달을 전합니다. 메그 언니에게는 앞으로 마치 할머니께 받을지도 모르는 터키산 반지와 예쁜 상자, 장식용 레이스를 주려고 합니다. 언니의 예쁜 모습을 그린 그림 한 장도 추가합니다.

조 언니에게는 먼저 사과의 말을 전합니다. 일전에 원고를 태워 버린 일에 대한 사죄의 뜻으로 석고로 만든 동물 모양의 작품을 드리겠습니다. 거기다 예쁜 장식 핀, 청동으로 만든 잉크 병을 더불어 전합니다. 지금은 몸져누운 베스 언니에게는 인형들과 부채를 남기며, 병이 나았을 때 기념으로 신게 될 슬리퍼를 주겠습니다.

이웃집 래리에게는 찰흙으로 정성스레 빚은 말과 마치 할머니 댁에 있으면서 내게 베푼 친절을 생각하며 내가 그린 그림 한 장을 남깁니다. 로렌스 할아버지께는 펜을 꽂아 두는 데 사용하시라고 상자를 드립니다. 엄마가 안 계실 때 베풀어 준 고마움은 평생 동안 제 가슴에 기억될 것입니다.

가끔 맛있는 간식을 만들어 주신 해너 할머니께는 조각보 전부를 드립니다. 제일 친한 친구 키티에게는 장식을 한 앞치마와 함께 반짝이는 구슬 반지를 전합니다.

제가 가진 전부를 여러분에게 모두 나누어 드렸습니다. 제가 이 세상에 없더라도 슬퍼하지 말고 제 물건을 보고 저를 기억해 주시기 바랍니다.

작성자　에미
보증인　에스터, 래리

래리는 정중히 유언장을 읽어 보고 고개를 끄덕인 후 에미에게 건네주었다.

"에미, 갑자기 왜 이런 생각을 하게 됐니?"

"마치 할머니의 유언장 이야기를 듣고 써 본 것이긴 하지만, 베스 언니가 몹시 아픈 걸 보고 이런 결심을 하게 된 것 같아."

에미도 자신의 마음을 잘 설명할 수 없었다.

"베스 언니는 좀 어때?"

에미가 물었다.

"며칠 전 정신을 잃을 정도로 심한 적이 있었어. 조가 이야기해 주었는데, 베스가 힘없는 목소리로 자기가 아끼는 물건을 나누어 주겠다고 했다는 거야."

"그렇게 아픈데도 다른 사람들을 생각하다니……. 나라면 그렇게 못했을 거야."

"소중한 피아노는 메그에게, 조에게는 가장 예쁜 인형을, 새는 에미에게 주라고 했어. 자신이 가진 물건이 많지 않으니 다른 사람들에게는 머리카락을 조금씩 가지라고 하면서 우리 할아버지에게 감사의 말을 꼭 전하는 것으로 겨우 말을 끝냈다는 거야."

래리는 에미를 안심시키기 위해 거짓말을 할까 하다가 집안일을 알고 있는 게 좋을 듯하여 사실 그대로 말해 버렸다.

래리가 말을 마쳤을 때 에미의 소중한 유언장은 눈물에 젖어 있었다. 에미는 그만 참지 못하고 눈물을 뚝뚝 흘리기 시작했다.

"앞으로 베스는 어떻게 되는 거야?"

"그것은 아무도 장담할 수 없지만, 중요한 건 희망을 버리면 안 된다는 거야."

에미는 래리의 위로에 어느 정도 마음을 가라앉힐 수 있었다. 래리가 떠나고 난 뒤 에미는 기도하는 작은 방으로 올라갔다.

'오, 제발. 베스 언니가 정신을 잃지 않도록 도와주세요.'

에미는 정성을 다해 무릎을 꿇고 기도드렸다.

메그와 브루크 선생님

앓아 누운 베스가 살며시 눈을 떴을 때 보인 것은 예쁘게 핀 장미꽃과 그토록 보고 싶어하던 엄마였다.

'아, 내가 아직도 꿈을 꾸나 봐. 엄마가 내 곁에 이렇게 가까이 계시는 걸 보면……'

베스는 꿈에서 깨기 싫어 다시금 눈을 감았다. 하지만 눈을 감으니 엄마의 모습이 보이지 않았다. 다시 눈을 뜬 베스에게 다정한 엄마의 목소리가 들려왔다.

"베스, 이제 정신이 좀 드니?"

꿈이 아니었다. 베스는 그제야 꿈이 아니라는 것을 알고 살며시 웃었다. 생각 같아서는 당장 일어나 와락 끌어안고 싶었지만 그럴 힘이 없었다.

대신 엄마가 베스 가까이 와서 살며시 안아 주었다. 엄마의 냄새를

맡으면서 베스는 다시 잠이 들었다. 이제 잠이 든 베스는 정말 행복해 보였다. 혹시 엄마가 어디로 가실까 봐 손을 놓지 않고 잠든 베스를 위해 메그와 조는 열심히 엄마의 시중을 들었다.

해너 할머니는 여행에 지친 몸일수록 잘 먹어야 한다며 음식 준비를 하시느라 눈코 뜰 새 없었다.

엄마의 식사가 끝나자 아가씨들은 그 동안의 일에 대해 엄마의 이야기를 듣고 싶어 했다.

"아빠는 너희들 덕택에 많이 회복되셨어. 아직도 브루크 씨가 곁에 남아 지켜 주고 있어서 마음이 얼마나 든든한지 모르겠구나."

그리고 이 곳에 돌아올 때쯤엔 눈이 너무 많이 와서 기차가 늦어지게 된 일과 래리가 역에 나와 있어서 더없이 고마웠다는 이야기를 덧붙였다. 어둡게만 보이던 모든 것들이 아름답고 행복해 보였다. 햇볕이 내리쬐어 겨울 날씨치고는 따스했다.

이제 긴장이 풀린 집안 사람들은 오랜만에 편안하게 휴식을 취했다. 해너 할머니는 고개를 떨구며 졸기 시작했고, 메그와 조는 침대 속으로 들어가 버렸다.

엄마만이 피곤한 기색도 없이 베스의 얼굴을 손으로 연신 어루만지거나 앙상한 손을 꼬옥 쥐고서 베스의 곁을 지켰다.

한편, 래리는 에미에게 이 기쁜 소식을 알리고 싶어 서둘러 마치 할머니 댁으로 갔다.

"래리 군, 그 동안 이 꼬마 아가씨의 비위를 맞춰 주느라 수고가 정말 많았네."

에미에게는 아무런 말도 들리지 않았다. 너무 좋아서 춤이라도 추고 싶었지만 마치 할머니 앞이라 그럴 수가 없었다. 단지 눈물을 글썽이며 할머니와 래리의 대화를 듣고만 있었다.

"에미는 이 곳에 온 뒤로 참을성 있고 예의 바른 아가씨가 됐어. 그건 아마도 내 지시에 잘 따라 줬기 때문일 거야."

엄마가 집으로 돌아오셨어도 에미는 당장 돌아갈 수 없다는 것을 알고 있었다. 엄마가 오셨다고 해도 베스의 병이 다 나은 것은 아니니까.

래리는 마치 할머니와 몇 가지 이야기를 나눈 뒤 밖으로 나왔다.

"에미, 미안하지만 난 좀 쉬어야겠어. 아주머니가 탄 기차가 눈 때문에 늦어지는 바람에 역에서 몇 시간을 추위에 떨어야 했거든."

"이쪽으로 와서 눈 좀 붙이도록 해."

래리는 에미가 안내해 준 곳으로 가서 눕자마자 잠이 들었다.

'래리가 자는 동안 엄마에게 드릴 편지를 쓰자. 집으로 돌아가는 길에 전해 달라고 해야지.'

엄마에게 편지를 쓰는 에미는 너무 행복해 눈물이 날 것 같았다.

얼마간 시간이 흘러가자, 에미는 그만 래리를 깨워야겠다고 생각하고 그가 있는 곳으로 가 보았다.

"어머, 아직도 정신 없이 자고 있네. 얼마나 고단했으면 곁에 사람이 온 줄도 모르고."

그 때였다. 에미의 눈 앞에 누군가 다정스런 눈길을 보내는 사람이 있었다.

"엄마……. 엄마!"

처음에는 자신이 헛것을 본 것이라고 생각했던 에미는 엄마의 모습을 확인하고는 소리쳐 불렀다.

큰 소리에 놀란 래리가 자리에서 벌떡 일어섰다.

"왜 그래?"

아직도 잠이 덜 깬 래리가 눈을 비비며 일어났다. 눈앞에는 에미가 엄마에게 매달려 어리광을 부리고 있는 모습이 보였다. 엄마는 마치 할머니에게 에미를 돌봐 주셔서 감사하다는 인사를 드리기 위해 이 곳에 온 것이었다.

엄마는 막내딸 에미가 기특하여 꼭 안아 주었다. 에미는 그 동안의 일을 엄마께 재잘거리느라 정신이 없었다.

"참, 엄마 이리 와 보세요. 보여 드릴 게 있어요."

에미는 자신이 우울할 때면 기도를 드렸던 작은 방으로 엄마를 안내했다. 엄마는 그 방에 들어선 순간 눈물이 핑 돌았다.

'가엾은 에미, 그 동안 얼마나 힘들었을까?'

하지만 엄마는 눈물을 보이지 않았다. 에미의 마음이 약해질까 봐 아무 말도 하지 않았다.

"엄마, 난 여기서 베스 언니를 위해 기도를 올렸어요. 때로는 마치 할머니 댁에서 지내는 것이 힘들다고 느껴질 때도 이 곳을 찾았어요."

"우리 에미가 자랑스럽구나. 괴로운 마음을 다른 사람의 도움을 받지 않고 스스로 이겨 내려고 애쓰는 것을 보니."

에미는 집으로 돌아가서도 성경을 열심히 읽고 기도드리겠다고 엄마와 약속을 했다. 약속을 하려고 내민 에미의 손에 못 보던 반지가 끼워져 있었다.

"이건 처음 보는 반지구나."

"오늘 아침에 마치 할머니가 제게 선물로 주셨어요. 제가 게으름을 부리지 않고 할머니의 말씀을 잘 따라 주었다고 칭찬하시면서요."

"하지만 네게는 조금 큰 듯한데."

"저도 그렇게 생각해요. 그래서 할머니가 반지 끼우개를 달아 주셨어요. 제가 손에 맞지도 않은 반지를 끼고 있는 것은 다른 이유가 있기 때문이에요."

엄마는 항상 딸들이 몸에 맞지 않는 사치란 것에 몰두할까 봐 걱정이었다.

"다른 이유라니?"

"단지 누군가에게 비싼 반지를 자랑하기 위해서가 아니라 내 자신과의 약속을 확인하기 위해서예요."

"마치 할머니의 고마움을 잊지 않겠다는 뜻이로구나."

"아니에요. 베스 언니가 아픈 뒤로 내 자신을 돌아봤어요. 다른 사람들에게 나는 어떤 가치가 있는 사람일까? 나를 기억해 주기나 할까? 하지만 별로 자신이 없었어요. 그만큼 나만 생각하고 살아왔기 때문이에요."

엄마는 에미의 말을 들으며 고개를 끄덕이기도 하고 손을 잡아 주면서 용기를 주었다.

"그래서 이제부터는 어려운 사람들을 돕는 봉사 활동에도 참가하고, 다른 사람의 입장에서 생각할 줄 아는 사람이 되려고 해요. 그런 생각들을 오래도록 간직하기 위해 이 반지를 끼고 있어요. 항상 잊지 않기 위해."

"그렇구나. 결심을 실천하기 위해서라면 반지를 끼는 것도 좋은 방법이야. 엄마가 늘 곁에서 지켜봐 줄게."

"고마워요, 엄마."

에미는 엄마와 좀더 많은 이야기를 나누고 싶었으나, 어느덧 돌아갈 시간이 다 되었다.

"이 곳에서 얼마 동안만 더 지내도록 해라. 베스의 병이 낫는 대로 너를 데려갈게."

엄마는 에미와 아쉬운 작별을 하고 래리와 함께 집으로 돌아왔다.

조는 집으로 돌아온 엄마에게 말씀 드리고 싶은 이야기가 있었다. 메그는 집안 소식을 아빠에게 알려 드리기 위해 편지를 쓰는 데 열중해 있었다.

베스를 간호하는 방으로 들어간 조는 잠시 머뭇거렸다.

"조, 내게 무슨 할 말이라도 있니?"

"사실은……."

"이제 집안이 안정을 찾아가는 듯하니, 무엇이든 고민이 있으면 이야기하렴."

조는 베스를 곁눈질로 살짝 쳐다보았다.

"베스도 잠이 든 것 같으니, 말씀 드릴게요. 언니에 관한 일이에요. 언젠가 원고를 출판사에 맡기고 돌아오는 길에 래리에게서 들은 이야기인데, 언니의 잃어버린 장갑 한짝을 브루크 선생님이 가지고 계시다지 뭐예요."

조는 엄마가 놀라실까 봐 천천히 엄마의 표정을 살피며 이야기했다.

"브루크 선생님의 옷 안주머니에서 언니의 장갑이 떨어진 것을 래리가 발견하고 브루크 선생님께 무슨 일인지 물어 봤대요."

"그랬더니 브루크 씨가 뭐라고 했다니?"

"언니를 좋아하는 것은 사실이지만 언니가 어떻게 받아들일지 모르겠고, 또 자기는 가진 것이 없어서 자신이 없다고 하더래요. 어쩌죠?"

엄마는 잠시 생각하는 눈치였다.

"조, 메그가 이 사실을 조금이라도 알고 있니?"

"언니는 아직 아무것도 모르는 것 같아요."

"네게 말을 하지 않았을 뿐 혹시 메그도 브루크 씨에 대해 특별한 감정을 가지고 있을지도 모르잖아?"

"그렇지 않아요. 언니는 감정이 풍부해서 예전과 다른 생각을 한다면 분명 제가 눈치챌 수 있을 거예요. 소설책을 읽어 보면 사랑에 빠진 사람들은 멍하니 앉아 있다가 잘 놀란대요. 식사하는 것도 거르는 경우가 많고, 신경질을 부리거나 우울해지는 경우도 있다고 했어요. 하지만 언니에게는 아직 그런 증상이 없었어요."

"메그가 존에 대해 이야기한 적이 없니?"

"엄마, 존이란 사람은 누구를 말하는 건가요?"

"아직 모르는구나. 아빠가 계신 병원에 있을 때 우리는 그를 항상 존이라고 불렀어. 그 사람도 그렇게 부르길 원했고."

"흥, 아빠가 계신 곳까지 따라간 것도 다 계획된 일이었는지도 몰라. 일단 엄마, 아빠의 눈에 든 다음 언니에게 말하려던 것이겠지."

조는 흥분되어 하늘을 향해 주먹질을 해댔다. 브루크 씨가 앞에 있었더라면 한 대 때렸을지도 모를 일이었다.

"조, 진정해. 존이 엄마와 동행하게 된 것은 언니 때문이 아니라 로렌스 할아버지의 부탁으로 가 준 것뿐이야. 엄마는 그 당시 마음이 약해져 모든 일을 처리하는 데 허둥댔어. 하지만 존은 침착하게 내 대신 일을 잘 처리해 주었어. 병원에 도착해서도 그 사람의 도움이 컸단다. 아빠의 시중도 잘 들어 주었기 때문에 항상 고맙게 생각할 따름이야. 사실 이런 이야기까지는 너희들에게 하고 싶지 않았지만……."

"혹시 아빠가 계신 곳에서 무슨 일이 있었나요?"

"존은 엄마와 아빠가 계신 곳에서 자신의 마음을 털어놓았단다."

"옛?"

조는 래리와 자신만이 알고 있는 비밀을 엄마 아빠도 알고 계시다는 사실에 깜짝 놀라지 않을 수 없었다.

"메그를 마음속으로 사랑하고 있다고 했어. 하지만 자신은 아직 아무것도 준비된 것이 없으니 단지 마음만 받아 달라고 이야기하더구나. 메그가 적당한 나이가 되고 살 만한 집과 안정된 직업이 구해지면 정식으로 결혼 신청을 하겠다고 말이지. 존은 착실하고 똑똑한 사람이야. 너도 그를 미워하거나 해서는 안 된다. 하지만 아직 메그가 결혼할 나이가 아니라는 것은 엄마도 잘 알고 있단다."

"엄마, 아직 언니를 다른 사람한테 빼앗기고 싶지 않아요. 아직은 다른 사람의 부인보다는 나의 언니인 게 좋아요. 아니, 난 언제까지 언니와 떨어지지 않을 거야."

엄마는 조가 생각보다 메그에 대한 문제를 심각하게 받아들이고 있다는 것을 느낄 수 있었다.

"그렇지 않단다. 시간이 흐르면 너희들은 각자 새로운 가정을 꾸려야 할 때가 온단다. 엄마, 아빠가 그랬듯이 말이야. 엄마도 너희들을 언제까지나 옆에 두고 싶지만 그것은 올바른 생각이 아니야."

"싫어요. 저는 언제까지나 엄마 곁에서 살 거예요."

엄마는 조가 완강하게 말하자 부드러운 말로 타일렀다.

"조, 당장 메그를 결혼시킨다는 뜻이 아니야. 엄마도 아직은 알맞은 시기가 아니라고 생각해. 결혼은 앞으로 몇 년 후의 일이야. 그러니 그렇게 조급하게 생각할 필요 없어. 또한 서로의 마음을 확인한다고 하더라도 얼마 동안은 사귀어 볼 필요가 있어. 서로 마음만 맞는다고 무조건 결혼할 수는 없는 거니까."

조는 엄마의 이야기에 어느 정도 안심이 되었다.

"언니가 부자와 결혼하는 건 싫으세요?"

"돈이란 생활을 해 나가는 데 없어서는 안 되는 소중한 거야. 하지만 그게 인생의 전부가 될 수는 없는 거지. 몇몇 사람들은 돈과 인격을 함께 갖춘 이들도 있지. 하지만 엄마가 생각하는 행복이란 것은 열심히 일해 번 돈으로 검소하게 생활하며 작은 즐거움을 맛보는 데에 있다고 생각해. 엄마는 존이 안정된 직업을 갖고 메그와 행복하게 살면 더 이상 바랄 게 없어. 메그의 결혼관이 어떨지는 집안이 좀더 안정된 후에 물어 볼 거야.”

“엄마 생각은 올바른 것이라 여겨요. 하지만 언니는 항상 화려한 생활을 꿈꾸고 있잖아요. 모파트 가의 파티에 다녀온 뒤로는 예전보다 많이 수그러들기는 했지만. 요즘도 예쁜 옷과 화려한 장신구에 미련이 많은걸요. 그래서…….”

조는 자신이 짜 두었던 계획을 말씀드려야겠다고 마음먹었다.

“언니가 래리와 결혼하는 것에 대해서는 어떻게 생각하세요? 래리와 이루어진다면 평생 고생하지 않고 언니가 원하는 생활을 할 수 있을 거예요.”

“호호호. 조 그런 생각을 하다니 너답구나. 하지만 언니는 래리보다 나이가 많잖니?”

“하지만 래리는 어른스러워요. 요즘 들어 생각도 깊어지고, 미래에 대한 계획도 세우고 있는걸요.”

“결혼이란 다른 사람의 마음대로 정해지는 게 아니야. 당사자들의 마음이 중요한 거란다. 농담이라도 래리에게 그런 허튼 소리 하지 않도록 해라. 앞으로 시간을 두고 메그를 지켜보기로 하자. 알겠니?”

“예, 하지만 조금만 이끌어 주면 더 좋은 길로 갈 수 있는데, 그렇게 하지 않는다는 게 왠지 안타까울 때도 있어요. 이대로 어른이 되지 않았으면 좋겠어요. 그럼 이런 복잡한 생각들을 하지 않아도 되니까요. 그러나 꽃은 피어나고, 새끼고양이도 언젠가는 어미가 되겠지요. 갑자기 슬픈 생각이 들어요.”

엄마는 조의 넋두리에 웃고 계셨다. 그 때였다.

“조, 너 지금 뭐라고 했니? 꽃이 어떻고 고양이가 어쨌단 말이야?”

메그가 다 쓴 편지를 가지고 방으로 들어섰다.

“아니야. 그럼 난 이제 자러 가야겠다.”

조는 일부러 기지개를 켜며 그 곳을 떠났다.

"메그, 편지에 존에게 늘 감사하고 있다는 말도 적어 주렴."

"브루크 선생 말인가요?"

"그래, 이번에 그 사람이 아주 큰 힘이 되어 주었단다."

"엄마가 그 사람을 좋게 생각해 주시니 다행이에요."

메그는 엄마에게 키스를 하고 잠자리에 들기 위해 방을 나갔다.

엄마께 브루크 씨에 대한 이야기를 들은 뒤부터 조는 안절부절하지 못했다. 그러다가 메그의 뒤를 쫓아다니며 무언지 살피곤 했다.

"왜 그래? 내 얼굴에 뭐라도 묻었니?"

"아니."

"그런데 조금 전부터 왜 그렇게 나를 빤히 쳐다보고 있니?"

"내가 그랬나?"

조는 아무 일도 아니라는 듯이 휭 하니 가 버렸다. 메그는 뭔가 석연치 않다고 생각했다.

'이상한데? 아무래도 조가 내게 숨기는 것이 있어.'

조는 말하고 싶거나 궁금한 것이 있으면 오래 참지 못하는 성미였다. 그러나 아마 묻지 않아도 시간이 지나면 직접 말해 줄 것이므로 더 이상 묻지 않았다.

하지만 오늘은 달랐다. 말을 거의 하지 않은 채 지냈기 때문에 메그도 무슨 영문인지 알 길이 없었다.

조는 마음이 답답하고 때로 울화가 치밀곤 했다.

'안 되겠어. 이러다간 내가 병이 나겠다. 래리나 만나러 가야지.'

하지만 마음 한 구석엔 두려운 생각마저 들었다.

'래리는 집요한 구석이 있어. 분명 내 기분을 눈치채고 무슨 수를 써서라도 내 마음을 알아 낼 텐데. 아무래도 지금은 만나지 않는 게 좋

겠어. 하지만 집안에는 나와 이야기를 나눌 사람이 마땅치 않잖아.'

엄마는 베스를 간병 중이었고, 에미는 집에 없었다. 언니와 함께 브루크 씨에 관한 험담을 나눌 수는 없는 일이었다. 엄마는 당분간 비밀로 하자고 했으니까.

이러한 위험에도 불구하고 조는 래리를 만나러 갔다. 예상했던 대로 조의 기분이 좋지 않다는 것을 안 래리는 조의 비밀을 알아 내는 작전에 들어갔다.

"조, 내게 말해 봐. 어떻게 해야 할지 정답을 가르쳐 줄 테니."

"아무 일도 아니야. 그냥 기분이 울적해서 그래."

"그러니까 내게 의논을 해 봐. 나는 일이 있으면 네게 다 털어놓곤 했는데, 너는 아직 나를 친구로 생각하지 않는구나."

"그런 게 아니라……."

래리는 토라진 체하며 잠시 동안 말을 하지 않았다. 조는 말을 할까 하다가 마음을 돌리고 입을 다물었다.

이 방법 저 방법을 동원해도 예전처럼 조의 입이 열리지 않자, 대충 잡아 찔러 보는 수밖에 없었다.

"혹시 메그의 일로 그러는 것 아냐?"

"아니야!"

조는 래리의 말에 강한 부정을 했다.

'그렇구나. 분명 메그의 일로 저러는 게 틀림없어. 후후, 나를 속일 순 없을걸. 그럼 다음에는 자세하게 알아볼 차례야.'

이렇게 작정한 래리가 다음으로 추측할 수 있는 사실은 브루크 씨와의 일이었다.

"선생님은 메그의 장갑 한 짝을 간직한 이후로 나에게 마음이 괴롭다고 하던데, 메그는 브루크 선생님에게 아무런 감정이 없는 거야?"

"잘은 모르지만 아직은 없는 것 같아."

"그래? 네가 언니의 마음을 모르는 건 아니고?"

"아니야. 엄마도 언니가 아직은 부르크 선생님에 대해 관심이 없는 것 같다고 하셨어."

이렇게 말을 내뱉은 조는 순간 깜짝 놀라고 말았다. 하지 말았어야 할 이야기를 순식간에 내뱉고 만 것이었다.

"아, 래리. 너는 정말 사람의 마음을 알아 내는 데 귀신이야."

"조, 너희 부모님께서 브루크 선생님이 언니에게 관심이 있다는 것을 아신단 말이야?"

"그래. 선생님께서 자신의 마음을 다 털어놓았대."

이 말을 전해 들은 래리는 브루크 씨가 괘씸하게 생각되었다.

'치, 내게는 아무런 소리도 안 하면서 벌써 메그의 부모님께는 사랑한다고 고백했단 말이지. 어디 두고 봐라.'

장난을 칠 기회를 마련한 개구쟁이의 얼굴이 된 래리는 회심의 미소를 지었다.

그 날도 메그는 이제 곧 집으로 돌아오실 아빠를 위해 여러 가지 준비를 하고 있었다. 하지만 전과는 달라져 보였다. 누군가 자신의 이름을 부르면 무슨 생각을 하는지 듣지를 못했다. 가까이 가서 어깨라도 건드릴라치면 깜짝 놀라 소리를 지르는 것이었다.

"앗!"

"왜 그래? 무슨 생각을 그렇게 골똘히 하는 거야?"

"아무것도 아니야."

그리고는 황급히 그 자리를 떠나 버리곤 했다.

한 번은 이런 일도 있었다.

"메그 언니, 엄마가 그러는데 우리들은 브루크 선생님께 감사하는 마

음을 가져야 한대."

조가 아무 생각 없이 한 말인데 메그는 얼굴이 새빨개져 아무 대답을
하지 못했다.

'언니가 왜 저러지? 혹시 브루크 선생님 때문일까?'

갑자기 두려운 생각이 든 조가 엄마에게 달려갔다.

"엄마, 어쩌면 좋아요. 언니가 요즘 좀 이상해진 것 같아요."

"무슨 소리니?"

"잘 먹지도 않고, 멍하니 창 밖만 바라보기도 하면서 밤엔 뒤척이며
잠을 자지 못해요. 언젠가는 제가 자는 줄 알고 조그만 소리로 존이
라고 말하기도 했어요."

"조, 그렇게 흥분할 것 없어. 조만간 아빠가 돌아오실 테니 기다려보
자꾸나."

날이 밝자, 조는 언니에게 온 편지를 전해 주었다. 언니가 편지를 받아 살펴보는 것을 본 조는 뒤돌아서서 하던 일을 계속했다.

"앗!"

외마디 소리를 지른 메그의 얼굴이 백지장처럼 하얗게 변해 있었다. 조와 엄마는 하던 일을 멈추고 메그에게 달려갔다.

"언니, 왜 그래?"

"메그, 무슨 일이니?"

엄마와 조가 다가갔을 때, 메그는 몹시 분한 얼굴로 결국에는 눈물을 터뜨리고 말았다.

그런 뒤, 갑자기 조에게 쏘아붙였다.

"너지? 네가 래리와 짜고 이런 장난을 친 거지."

"대체 무슨 소리야? 난 아무 짓도 안 했어."

메그는 믿지 못하겠다는 듯이 이제까지 본 적이 없는 무서운 얼굴로 조를 외면했다.

그리고는 편지를 바닥에 팽개쳐 버렸다.

"그럼 누가 이런 짓을 했단 말이니? 래리가 장난을 치고 네가 편지를 쓴 게 틀림없어. 이렇게 속아서 분해하는 나를 보니 속이 시원하니?"

엄마와 조는 내동댕이쳐진 편지를 집어 읽어 보았다.

'사랑하는 메그 양'에게로 시작한 편지는 브루크 씨의 애타는 심정을 적고 있었다.

그리고 아직까지는 집안 사람들에게 비밀로 해 줄 것을 당부하고, 답장은 래리를 통해서 전하라는 글과 함께 끝을 맺고 있었다.

"바보 같으니라고. 어쩜 이런 장난을 칠 수가 있지? 지금 당장 래리를 끌고 오겠어."

조가 흥분하여 소리쳤다.

하지만 엄마는 굳은 얼굴로 조를 다그쳤다.

"조, 맹세할 수 있어? 이번 일이 너와는 아무 상관이 없는 일이라고."

"절 믿지 못하시는 건가요? 이번 일은 저도 모르는 일인걸요."

엄마와 메그는 조를 의심한 건 사실이지만 조가 울먹이는 얼굴로 아니라고 하자 그 말을 믿기로 했다.

"난 이런 유치한 글을 별로 좋아하지 않아요. 만약 이런 편지를 써야 한다면 좀더 그럴싸하게 썼을 거야."

"일전에 받은 편지와 글씨체는 거의 똑같은 것 같은데."

메그는 다시 문제의 편지를 집어들고 훑어보기 시작했다.

"혹시 처음 온 편지에 대해 답장을 썼니?"

"그게……. 처음엔 망설였지만 어떤 식으로든 답을 해 주어야 한다는 생각에……."

메그는 자신의 부끄러움을 들킨 것 같아서 어디로든 숨고 싶다는 생각이 들었다.

"안 되겠어. 래리를 불러다 자초지종을 들어야겠어."

더 이상 참을 수 없다며 씩씩대는 조에게 엄마는 자리에 앉을 것을 명령했다.

"안 돼. 이 일은 엄마가 알아서 하겠다."

그리고는 불안해하는 메그를 안심시키기 위해 조용한 말투로 물었다.

"그 동안의 일을 자세히 이야기해 보렴."

메그는 일이 난처하게 돌아가자 엄마에게 숨김없이 털어놓았다.

"처음 편지를 받았을 땐 놀랍고 이상한 기분이 들었어요. 당장 달려가 엄마에게 이야기할까 하다가 당분간 비밀로 해 두자는 생각이 들었어요. 지금에야 제가 바보 같은 행동을 했다는 걸 깨달았어요. 이제 앞으로 어떡하면 좋아요? 다시는 브루크 선생님을 똑바로 쳐다볼 수도 없을 거야."

"네가 보낸 답장의 내용은 어떤 거지?"

"아직 어려서 아무것도 모르니 아빠에게 말씀드리라고 적었어요. 그리고 친구로 만나는 것은 상관 없지만 그 이상은 안 될 것 같다고 썼어요."

엄마와 조는 안도의 한숨을 내쉬었다.

"그래서 브루크 선생님에게서 답장이 왔었니?"

"응, 처음과는 다른 글씨체로 온 편지에 내게 편지를 보낸 적이 없다는 거야. 아마 조가 심심해서 장난을 친 게 아니냐고 오히려 내게 물어 봤어. 뭔가 잘못됐다고 생각한 나는 너무 창피했어."

조는 이리저리 머리를 굴리며 추리를 하기 시작했다.

"언니, 그렇게 걱정하지 않아도 돼. 언니가 쓴 답장은 브루크 선생님이 받아 보시지 않았을 거야. 두 통의 편지를 쓴 래리가 언니의 답장까지도 보관하고 있을걸. 틀림없어. 당장 가서 이 녀석을 잡아 올 테니 기다려."

메그는 참담한 심정이 되어 안으로 들어가 버렸다. 래리의 심한 장난에 충격을 받은 모양이었다.

잠시 후, 래리는 무슨 일인지도 모르고 조의 집으로 들어섰다. 하지만 곧 마치 부인의 굳은 얼굴을 대하고는 고개를 푹 수그렸다.

래리를 통해 일의 전말을 들은 엄마는 다시 메그와 조를 내려오라고 일렀다.

"메그, 죽을 죄를 지었어. 난 단지 장난을 좀 치려고 했을 뿐이야. 일이 이렇게 커지리라고는 생각도 못했어. 모두 내가 쓴 편지야. 답장은 내가 잘 가지고 있어. 진심으로 용서를 빌게."

진심으로 사과를 하는 래리를 향해 메그는 엄한 말로 꾸짖었다.

"다시는 이런 짓을 하지 않았음 좋겠어. 네 우스운 장난이 남들에게는 큰 상처로 남을 수도 있으니까 말이야. 편지는 모두 없애도록 해."

"메그가 원하는 대로 하겠어. 앞으로 다시는 날 보지 않겠다고 해도 할 말이 없어."

엄마와 메그는 래리를 용서해 주기로 했다. 하지만 조는 괘씸한 생각이 들어 래리의 애처로운 눈길을 외면했다.

래리는 용서를 받고 집으로 돌아갔다. 엄마와 메그도 베스가 있는 이층으로 올라가 버렸다. 조는 혼자 남겨진 것 같은 쓸쓸함이 물밀 듯이 밀려옴을 느꼈다.

'내가 너무 심했나? 궁지에 몰린 래리를 모른 척해 버리다니……. 아무래도 안 되겠다. 래리가 어떻게 하고 있는지 알아보고 와야겠다.'

조는 그냥 가기가 멋쩍어 얼마 전에 빌린 책 한 권을 손에 쥐고 로렌스 할아버지네 집으로 향했다.

그 집으로 들어선 조는 하녀와 마주치자 할아버지를 찾았다.

"계십니다만 지금은 기분이 좋지 않으시니 만나지 않는 게 좋을 거예요, 아가씨."

"무슨 일이라도 있었나요?"

"래리 도련님과 심한 말다툼을 하셨어요."

"래리는 지금 어디에 있나요?"

"방문을 잠그고 밖으로 나오려고도 하지 않아요. 식사 때가 다 되었는데, 어떻게 해야 할지 모르겠어요."

조는 래리의 방으로 올라가 노크를 했다. 대답이 없자 이번에는 문을 세게 두드렸다.

"누구야? 난 먹고 싶지 않으니 다시는 내 방 앞에 얼씬거리지 마!"

조는 래리의 거친 소리에도 아랑곳하지 않고 문이 부서져라 두들겨

댔다.

결국 문이 열리고 화난 얼굴이 나타났다.

방으로 들어온 조는 래리에게 사과의 말을 하며 무릎을 꿇었다.

"우리 집에 왔을 때 너를 외면했던 일 사죄하러 왔어."

조의 우스꽝스런 행동에 래리도 어느 정도 화가 풀린 듯했다.

"그런데 무슨 일이야? 할아버지와 네가 이렇게 화가 나 있으니?"

"아까 너희 집을 다녀온 이유를 물으셨어. 하지만 난 대답해 드릴 수가 없었어. 편지 사건은 아무에게도 말하지 않겠다고 너희들과 엄마에게 단단히 약속했잖아."

"대신 다른 얘기를 말씀드리지 그랬니?"

"갑자기 물어 보시는 바람에 그럴 수가 없었어. 그래서 마치 가에 조금 실수한 게 있어서 용서를 빌고 왔다고 말씀드렸어. 하지만 구체적으로 이야기하라시는 거야. 그래서 난 그럴 수가 없다고 하니까 나를 잡고 떠밀지 뭐야. 난 그 길로 문을 닫고 나와 버렸어."

"래리, 나와 함께 할아버지를 뵈러 가자. 내가 도와줄게."

"그만둬. 어차피 이 곳에 오래 있을 생각은 없었어."

래리의 말에 조는 깜짝 놀라서 눈을 동그랗게 떴다.

"집을 나갈 생각이니?"

"브루크 선생님이 계신 워싱턴으로 갈 거야. 모든 것을 잊고 젊음을 즐길 거야."

"래리! 그만둬."

"조, 나와 함께 떠나자. 돈은 내게 충분히 있으니 결정만 내리면 돼. 너는 아빠를 무척 뵙고 싶어했잖아."

순간 조는 래리의 꼬임에 넘어가고 싶은 생각도 들었다. 하지만 자신의 처지와 가족들이 걱정할 것을 생각하니 그럴 수가 없었다.

"래리, 제발 현실로 돌아와 문제를 해결하려고 노력해 봐. 일이 터질 때마다 도망가거나 피하는 것은 바람직하지 못해."

"조가 싫다면 나 혼자 가겠어."

"한 가지 약속해 줘. 내가 할아버지에게 잘 말씀 드려 네게 사과의 편지를 쓰게 한다면 너의 그 무모한 계획을 그만두겠다고."

"넌 할아버지에 대해 잘 몰라. 할아버지를 설득하는 일은 하늘에 별 따기보다 어려운 일이야."

조는 그 길로 할아버지의 서재로 향했다.

"조예요. 문 좀 열어 주세요."

조는 빌려간 책을 보여 드리며 다른 책을 빌리고 싶다고 말씀 드렸다.

조가 책장에서 책을 찾기 위해 뒤적이는 동안 할아버지는 이리저리 다니시며 큰 소리로 중얼거렸다.

"내가 보기에는 마치 가에 큰 실수를 저지른 것 같은데, 비밀이라고 하면서 저렇게 아무 말도 안 하다니……. 나도 울컥 화가 치밀어 녀석을 떠밀어 버렸지."

"할아버지 말씀대로 래리는 우리에게 실수를 했어요. 하지만 지나간 일이고, 그 일은 다시 입 밖에 내지 않기로 했어요."

"그렇게 감싸 주기만 해서는 안 된다. 사실대로 이야기를 하고 벌을 받아야 한다면 당연히 벌을 받아야지."

조는 더 이상 안 되겠다고 생각했는지 할아버지에게 래리의 실수를 자세히 말씀드렸다.

단지 메그의 이름은 거론하지 않았다.

"일이 그렇게 된 것이로구나. 약속을 저버리지 않기 위해서 내게 말을 하지 않았던 거였군. 그 녀석은 황소 고집이라서 걱정이야."

"할아버지, 고집 센 아이들에게는 상냥하고 따뜻한 말 한 마디가 약이 될 수 있대요."

"너는 내가 래리에게 엄하게 대한다고 생각하니?"

"아니오. 그러나 래리가 엉뚱한 짓을 했을 땐 조급하게 다루시는 것 같아요."

할아버지는 쓰고 있던 안경을 책상 위에 내려 놓고는 고개를 끄덕이며 조의 말을 인정했다.

"그래, 네가 날 아주 잘 보았구나. 그런데 래리는 자꾸 내 마음을 몰라주고 거친 행동을 하려고만 하니 저러다간……."

"아마 참지 못하고 집을 나갈지도 몰라요."

조는 아차 싶었지만 내뱉은 말을 주워 담을 순 없었다. 그 순간 절망하는 할아버지의 표정을 읽을 수 있었다.

'아, 지금 내가 무슨 소리를 한 거야. 할아버지는 지난날 집을 뛰쳐나간 래리의 아빠를 떠올리고 계실 거야.'

여기까지 생각이 미친 조는 얼른 다음 말을 이었다.

"래리는 결코 집을 나가는 일 같은 건 하지 않을 거예요. 제가 그냥 해 본 소리예요."

"조, 그런 소리는 함부로 하는 게 아니야. 부모님이 걱정하신다. 래리에게 좀 내려오라고 전해 줄래?"

"내려오지 않을걸요. 지금 화가 많이 나 있으니까요."

"그럼, 나더러 어떡하라는 거니? 얼굴을 봐야 사과를 할 수 있잖니?"

"편지를 쓰는 것이 어떨까요? 래리는 말보다는 글로 상대하는 걸 아주 좋아해요. 저라면 그렇게 하겠어요."

할아버지는 조가 시키는 대로 정중하게 사과문을 썼다. 조는 그 편지를 래리의 방문 밑에 살며시 들이밀고는 한 마디 했다.

"래리, 이제 그만 할아버지를 용서해 드려. 할아버지와 저녁 맛있게 먹도록 해. 난 그만 갈게."

그러자 방문이 열리며 래리가 얼굴을 내밀었다.

"고마워. 나를 위해 무서운 할아버지와 대면하다니, 참 대단해."

래리는 환한 얼굴로 조에게 감사의 뜻을 전했다.

이 사건은 이렇게 해서 일단락되었지만, 단 한 사람의 마음속은 정리되지 못하고 복잡해져 갔다.

메그는 그 날 이후로 걷잡을 수 없이 혼란스러워졌다.

언젠가 메그의 서랍 속에 부루크 부인이라 쓴 낙서장이 눈에 띄기도 했다.

다시 찾은 행복

아빠의 병은 나날이 좋아져 해가 바뀌면 돌아오겠다는 편지를 보내오셨다.

앓아 누웠던 베스도 웬만큼 회복되어 산책할 정도가 되었다.

조는 베스가 움직이는 것을 도와주었고, 메그는 동생들을 위해 열심히 음식을 만들었다.

집으로 돌아온 에미는 항상 끼고 있는 반지를 바라보며 자신을 추스르곤 했다.

크리스마스 날 아침이 되었다. 조와 래리는 밤새도록 베스에게 줄 크리스마스 선물을 만들었다.

조의 도움을 받아 창가로 온 베스는 창 밖에 서 있는 멋진 눈의 공주를 볼 수 있었다. 얼음 왕관에 과일 바구니를 옆에 들고 한 손에는 악보 한 장을 쥐고 있는 모습이었다.

"베스, 그 동안 고생한 너를 위해 래리와 함께 준비했어."

"와, 정말 멋지다."

감탄하는 베스를 바라보는 조의 눈가에 눈물이 맺혔다. 조는 또한 멋진 시를 지어 베스에게 읽어 주었다.

눈 공주의 과일 바구니에 있던 과일을 먹으면서, 베스가 작지만 단호한 어조로 한 마디 했다.

"지금 난 너무 좋아. 한 가지 더 원한다면 아빠가 지금 곁에 계신다면 정말 더할 나위 없을 거야."

"나도 마찬가지야."

"그러게 말야. 지금 아빠가 돌아오신다면 그보다 더 큰 크리스마스 선물은 없을 텐데."

조는 엄마로부터 읽고 싶었던 책을, 메그는 로렌스 할아버지로부터 비단옷을 선물 받았다. 에미 역시 엄마로부터 판화 한 점을 받았다.

"엄마도 물론 그렇단다."

아가씨들이 선물한 브로치를 만지작거리며 엄마도 고개를 끄덕였다.

잠시 모습이 보이지 않던 래리가 현관에 들뜬 모습으로 나타났다. 그리고는 격앙된 목소리로 외쳤다.

"올 크리스마스의 최고가 될 선물이 방금 도착했습니다!"

래리의 뒤로 집에 들어선 사람은 다름 아닌 아빠와 브루크 씨였다. 아가씨들은 모두 제정신이 아니었다.

흥분한 조는 래리의 부축을 받고, 메그는 엉겁결에 브루크 씨의 품에 안겼다.

에미는 허둥대다가 그만 넘어지고 말았다.

베스는 잠깐 몸을 쉬러 이층에 올라가 있었다.

"아빠……."

언제 내려왔는지 베스가 나지막이 아빠를 불렀다. 베스는 너무 오랫동안 서로 보지 못했기 때문에 믿기지 않는다는 얼굴로 아빠를 빤히 쳐다보았다.

그러다가 잠시 후 아빠의 품으로 달려들었다. 조금 전까지 걸을 기운도 없던 베스였는데 마치 작은 공처럼 아빠에게 날아갔다.

"베스, 다행이구나. 아주 건강해 보이는데."

"아빠도 축하드려요. 제 생각보다 몸이 많이 좋아지셨네요."

그 때 무언지 음식 타는 냄새가 나서 뒤돌아보았다. 해너 할머니가 아빠가 돌아왔다는 말에 뒤에 서서 훌쩍이고 있느라고 칠면조가 타는 것도 모르고 있었다.

"아이쿠, 내 정신 좀 봐!"

그 모습이 너무나 웃겨 모두들 웃었다.

엄마는 아빠를 모시고 온 브루크 씨에게 고맙다는 인사를 했다. 잠시 후, 브루크 씨와 래리는 집으로 돌아갔다.

아빠는 크리스마스 날 모두를 깜짝 놀라게 해 주고 싶어 연락을 하지 않으셨다고 했다. 그리고는 브루크 씨가 수고를 많이 했다고 덧붙였다. 브루크 씨의 이야기가 화제가 되자 메그는 괜히 난롯불을 휘젓기 시작했다.

아빠가 엄마에게 눈짓을 했다.

"브루크 선생님 이야기는 다음에 듣기로 하고, 이제 저녁 준비나 하러 가자."

조는 언니가 브루크 씨의 일 때문에 저런 행동을 한다는 것을 짐작하고 화가 나 휙 하니 나가 버렸다.

크리스마스 만찬은 훌륭했다. 이제까지 식탁에서 본 적이 없던 음식들로 가득 넘쳐나 보기만 해도 배가 부를 지경이었다.

로렌스 할아버지와 래리, 브루크 씨가 만찬에 초대되었다. 음식을 먹는 동안 조는 계속해서 브루크 씨를 노려보았다. 래리는 조의 모습을 보고 재미있어 했다.

떠들썩했던 자리가 끝나고 사람들이 집으로 돌아가자 마치 가의 가족들은 난롯가로 모여 앉았다.

"작년 크리스마스 때 기억나? 선물이 없다고 투덜대기도 했는데."

"올해가 힘들긴 했어도 즐거운 일이 많았어."

그러자 에미는 손에 낀 반지를 바라보며 투덜댔다.

"난 힘든 한 해였어. 다시는 생각하고 싶지 않아."

마치 할머니 댁에서 지냈던 일이 떠오르는지 고개를 절레절레 흔드는 것이었다.

"흠, 어린 순례자들에게 힘들고 지친 일이 많았겠구나. 아빠와 베스가 병으로 누워 있으니 고통스러웠겠다. 이제 그 고통만큼의 짐은 벗어던질 수 있을 게다."

아가씨들은 아빠 곁으로 바싹 다가앉았다.

"난 너희들의 모습에서 훨씬 성숙해졌다는 것을 느낄 수 있었다."

"무슨 말인지 잘 모르겠어요. 구체적으로 말해 주세요."

"먼저 메그의 손을 보고 알았어. 예전에는 고왔던 손이 이제는 거칠고 상처를 입기도 했어. 아빠가 떠나기 전 메그는 주방 일을 하는 것을 싫어했지. 하지만 이제는 능숙하게 집안일을 해내는 것을 보니 흡족하구나. 희고 깨끗한 손보다는 누군가를 위해 일을 해서 거칠어진 손이 훨씬 값어치가 있지."

아빠 곁에 있던 베스가 귓속말로 속닥였다.

"조 언니도 칭찬 받을 일을 많이 했어요."

"조는 그 동안 자신의 성질을 다스리는 법을 배웠더구나. 아무렇게나 내뱉던 말이 없어지고, 옷과 구두도 얌전히 입고 신을 줄 아는 숙녀가 되었구나. 몸가짐도 훨씬 신경을 쓰는 것 같고……. 게다가 동생 병간호를 하느라 좀 마른 것 같구나. 보내 준 25달러는 너무도 귀한 돈이어서 그 돈과 바꿀 만한 것이 아무것도 없어 아빠가 그대로 간직하고 있다."

조에 대한 아빠의 이야기가 끝나자 에미가 재촉했다.

"아빠, 다음은 베스 언니 차례야."

"베스는 심한 병을 앓고 난 뒤라 몸이 많이 야위었구나. 여기에 칭찬을 해 주면 몸이 점점 작아져 보이지 않게 될까 봐 말을 줄여야겠어. 하지만 예전보다 부끄러움을 덜 타는 것 같구나."

그리고 아빠는 베스를 품에 꼭 안아 주었다. 그리고 에미에 대한 말도 빼놓지 않았다.

"저녁 식사 때 보니, 에미도 이제 다른 사람을 배려할 줄 아는 숙녀가 되었더구나. 맛있는 것을 다른 사람에게 양보할 줄도 알고, 엄마의 심부름에 짜증도 내지 않고 말야. 또 친절한 표정으로 손님들을 접대할 줄도 알고 자신의 물건을 자랑하려고 하지도 않았어. 에미가 어른스러워져 아빠는 무척 기쁘구나."

아빠가 말을 끝맺자, 베스가 오랜만에 피아노 앞에 앉았다.

"아빠를 위한 찬송가를 연주할 거야. 모두들 예쁘게 불러 보렴."

다음 날 날이 밝자 아가씨들은 다시 아빠의 곁으로 몰려들었다. 행복이라는 단어가 실감날 정도로 정다운 풍경이었다.

하지만 메그는 여전히 사랑의 열병을 앓고 있어 마음을 진정시키지 못하고 있었다.

브루크 씨가 돌아온 뒤부터는 증세가 점점 심해졌다. 가족 중에 부모님과 조만이 메그가 왜 그러는지 알 수 있었다.

그날 오후에는 개구쟁이 래리가 메그가 볼 수 있도록 창가에 바짝 붙어 갑자기 가슴을 쥐어뜯기도 하고 우는 흉내를 내기도 했다.

"저 녀석이 무얼 하는 걸까?"

메그가 궁금해하자, 뒤에서 쳐다보고 있던 조가 넌지시 말했다.

"메그 언니가 늘 생각하고 있는 브루크 선생님이 지금 저런 상태라는 걸 보여 주는 거야."

"무슨 소리야? 내가 언제 그 사람을 생각했다고 그래?"

"언니의 마음을 속이지 말아 줘. 언니의 모습이 예전과는 많이 달라졌어. 이제 언니의 마음을 확실히 결정 짓도록 해."

"브루크 선생님과는 아직 아무런 말도 나누지 않았는데, 무슨 결정을 하라는 거야? 그리고 내가 아직 어린 탓에 더 이상 이야기를 하지 않기로 했다는데."

조는 메그의 마음을 떠보기로 했다.

"그 사람이 어떤 말을 건네 왔을 때 언니는 자신의 의견을 분명히 말하지 못할 것 같아. 주저하다가 끝내는 그 사람이 하자는 대로 따르고 말 거야."

"아니, 난 벌써 어떤 말을 해야 할지 머릿속에 넣어 두었는걸."

"그래? 내게 말해 줄 수 있어?"

"좋아. 너도 앞으로 이런 일을 치르게 될지도 모르니까 알려 주지."

"아니, 난 그런 일은 없을 거야. 남이 사랑에 빠져 끙끙대는 걸 보면 즐겁지만 나 자신은 그런 걸 별로 좋아하지 않거든."

메그의 말에 조는 그런 일은 절대 없을 거라고 잘라 말했다.

"그런 말은 함부로 내뱉는 게 아니야. 앞으로 네 마음이 어떻게 변할지는 아무도 모르는 거야."

"언니, 그 이야기는 그만해. 브루크 선생님에게 어떤 대답을 해 줄지 이야기해 준댔잖아."

"당황하지 않고 자신 있게 말할 거야. 난 아직 나이가 어리니까 그냥 좋은 친구로 지내는 것이 좋겠다고 말이야."

"글쎄, 만약 브루크 선생님이 그 대답에 만족하지 않고 언니를 잡고 매달린다면 그 때는 할 수 없이 그 사람 말대로 해 버릴걸."

조는 사랑하는 언니를 브루크 씨에게 빼앗기지 않기 위해 거의 강요하다시피 훈련을 시키는 듯했다.

"아니야, 그러면 나는 다시 한 번 분명히 말하고는 그 자리를 나가 버릴 거야."

메그는 그 장면을 연습하기 위해 자리에서 벌떡 일어났다. 순간, 현관에서 누군가의 발소리가 들려왔다. 그러자 메그는 바느질을 계속하던 사람처럼 제자리로 돌아가 실을 꿰고 있었다. 조는 언니의 모습이 우습다고 생각하며 문을 열었다.

"잘 있었나요? 일전에 두고 간 우산을 찾으러 왔습니다. 아버님의 몸은 좀 어떠신지요?"

브루크 씨는 두 아가씨의 모습을 보고 계면쩍은 듯 씨익 웃었다.

"올라오세요. 아빠는 우산꽂이에 있어요. 우산께 선생님이 방문하셨다고 알려 드릴게요. 잠시 기다리세요."

조 역시 조금 전까지 브루크 씨의 이야기를 하고 있었던지라 순간 당황하여 우산과 아빠를 바꾸어 말했다.

'잘 됐어. 메그 언니가 조금 전 연습한 대로 잘 하기 위해 자리를 비켜 줘야지.'

뒤돌아서는 조의 입가에 미소가 떠올랐다.

조가 위로 올라가 버리자 메그는 브루크 씨와 단둘만 있는 자리가 무척 어색한지 변명을 했다.

"엄마가 브루크 선생님을 한번 뵙겠다고 말씀하셨어요. 그럼 잠시 기다리세요."

"여기 계셔 주세요. 메그 양, 저와 있는 게 불편한가요?"

순간 브루크 씨의 표정이 일그러졌다. 메그는 자신이 이 사람에게 결례된 짓을 했다고 생각하고 얼굴이 달아올랐다.

"그렇지 않아요. 아빠께 베풀어 주신 은혜에 항상 감사할 뿐이에요. 어떻게 감사의 인사를 전해야 할지 모르겠어요."

"제가 어떻게 말해야 할지 가르쳐 드릴까요?"

브루크 씨는 메그의 작은 손을 살며시 쥐며 그윽한 눈길로 바라보았다.

메그는 가슴이 떨려 그 자리에서 도망치고 싶었다.

하지만 한편으로는 브루크 씨의 다음 말이 기다려졌다.

"제 눈을 보세요. 난 메그 양을 괴롭히려는 것이 아닙니다. 제가 당신을 생각하는 것처럼 당신도 제게 관심이 있는지를 알고 싶을 따름입니다."

메그가 연습했던 대로라면 이 때쯤 메그는 자신의 의사를 분명히 밝혀야 했다.

하지만 아무 말도 생각나지 않았다.

"잘 모르겠어요."

간신히 대답한 말이었다.

"시간을 가지고 다시 생각해 주세요."

브루크 씨는 메그의 답변이 애매 모호했지만 자신을 싫어하지는 않는 기색이라는 것을 알고 내심 흡족했다. 하지만 메그는 쩔쩔매는 자신과는 달리 자신만만한 그를 보자 자신이 처량해 보였다. 그래서 갑자기 태도를 바꾸었다.

"그만 돌아가 주세요. 절 그냥 내버려 둬요."

"옛?"

갑자기 차가워진 메그의 태도에 상황이 바뀌어 이번엔 브루크 씨가 쩔쩔매며 말했다.

"마음이 정해질 때까지 무작정 기다리겠습니다. 제발 그렇게 단정짓지 말아 주세요."

"제 생각은 이제 그만 하셨으면 좋겠어요."

두 사람의 분위기가 찬물을 끼얹은 듯 냉랭해졌다.

마침 마치 할머니가 마치 씨가 집으로 돌아왔다는 소식을 듣고 서둘러 집을 찾았다. 마치 할머니는 현관 문이 약간 열려 있기에 아무런 기척도 없이 그냥 집 안으로 들어서고 말았다.

그런데 그 곳에서 두 사람이 진지한 이야기를 나누는 장면을 목격하고 말았다.

메그는 생각지도 않은 마치 할머니의 방문에 너무 놀라 머리가 쭈뼛서는 것 같았다. 브루크 씨는 인사를 하는 둥 마는 둥 서재로 들어가 버렸다.

"도대체 여기서 뭐하는 게냐? 저 사람은 누구고?"

"아빠가 아프실 때 간호를 해 주시던 분이에요. 브루크 선생님은 우리 집에 두고 간 우산을 찾으러 왔을 뿐이에요."

"그래, 나도 들은 적이 있다. 래리라는 아이의 가정교사로구나. 언젠가 조로부터 너에 대한 이야기를 들은 적이 있다. 그 사람과 사귀는 것을 허락한 건 아니겠지?"

마치 할머니는 물 만난 물고기처럼 훈계를 하기 시작했다.

"할머니, 다른 사람들이 듣겠어요. 엄마께 할머니가 오셨다는 말을 전해 드릴게요."

"천천히 알려도 돼. 혹시 너 저 사람과 결혼할 생각이 있는 건 아니겠지? 만약 네 멋대로 한다면 네겐 한 푼도 줄 수 없다."

"할머니, 그렇게 하세요. 전 제가 선택한 사람과 결혼하겠어요. 돈 같은 건 안 주셔도 좋아요."

"그래? 가난한 사람과 결혼하면 어떤 희생이 따른다는 것도 잘 알고 있겠지."

"예, 알고 있어요. 하지만 돈이 많아도 애정 없는 결혼은 하고 싶지 않아요."

메그는 마치 할머니의 강압적인 말에 반사적으로 튕겨져 나가는 용수철과 같았다.

누르려고 해도 더 멀리 튕겨 나가는 것처럼 메그의 입에서는 그 동안 참았던 말들이 쏟아져 나왔다.

"부모님께서도 브루크 선생님은 좋은 사람이라고 했어요. 지금은 비록 가진 게 없지만 착실한 사람이니까, 오래지 않아 안정된 직업도 구하고 성공할 거예요."

"저 사람은 너의 주변에 돈 많은 친척이 있다는 걸 알고 흑심을 품고 접근하려는 게야. 조심해야 해."

"그런 말씀을 함부로 하시면 안 돼요. 브루크 선생님은 나쁜 사람이 아니에요."

"그렇게 네 의지가 굳다면 네 마음대로 해라. 난 다시는 간섭하지 않겠다. 네 아빠를 만날 필요도 없구나. 알아서 잘 살도록 해라."

마치 할머니는 문을 소리나게 닫고 가 버리셨다.

정신이 번쩍 든 메그는 그 다음에 어떡해야 좋을지 몰랐다. 뒤에서 나지막한 소리가 들려왔다.

"메그, 이제야 당신의 마음을 확인했군요. 할머니께 나를 그렇게 변

호해 주다니 감격스러울 따름입니다."

"저도 조금 전까지는 제 마음을 잘 몰랐어요."

할머니가 돌아가시고 난 뒤, 조는 살금살금 도둑고양이처럼 아래로 내려왔다.

안은 쥐 죽은 듯 고요했다.

'내 생각대로야. 가엾은 브루크 선생님, 언니에게 거절당한 비참한 얼굴을 구경했어야 하는 건데.'

조는 자신이 상상한 모습을 눈으로 보기 위해 문을 벌컥 열었다.

그런데 이게 웬일인가?

브루크 씨가 의자에 기대어 앉아 있고, 언니는 브루크 씨의 무릎 위에 올라앉아 있었다.

그 모습을 본 조는 얼음처럼 그 자리에 굳어 버렸다. 그러자 두 사람이 자신을 놀리는 듯이 다가와 정중하게 인사를 했다.

"어서 와요, 조. 우리를 축복해 주길 바래요."

조는 그 곳에 있다가는 미쳐 버릴 것 같아 부모님을 부르며 이층으로 올라갔다.

"엄마! 아빠! 빨리 아래층으로 내려가 보세요. 브루크 선생님이 언니에게 못된 짓을 하고 있어요."

부모님께서 서둘러 나가시자, 조는 동생들에게 자신이 목격한 광경을 그대로 이야기해 주었다.

"어머, 잘 됐다."

"그러게 말야. 메그 언니가 요사이 기운이 없어 보이길래 왜 그런가 했어."

두 아가씨가 까르르 웃었다.

응접실에서는 진지한 이야기가 오고 갔다. 저녁 식사를 알리는 벨이

울리자 브루크 씨도 한 가족인 듯이 자연스럽게 식사에 참여했다.

가족들은 원앙새 같은 천진난만한 메그와 브루크 씨를 사랑스러운 눈길로 바라보았다.

"언니, 축하해!"

"고마워. 그 동안 힘들었던 일들이 많았는데 너희들 모두가 잘 참아 주었어."

메그가 말했다. 그러자 엄마가 말을 이었다.

"나쁜 일이 계속되는 해가 있단다. 올해가 그랬던 것 같다. 하지만 메그와 존이 끝마무리를 잘한 것 같구나."

"내년은 행복한 한 해가 되었으면 좋겠어."

조는 아직도 브루크 씨가 마땅치 않아 눈을 흘겼다. 하지만 브루크 씨는 그런 것엔 관심을 두지 않는 듯한 표정이었다.

메그와 브루크 씨가 서로 얼굴을 맞대고 이야기하는 것이 보기 싫어 다른 쪽만 바라보고 있던 조는 초인종 소리에 귀가 번쩍 뜨였다.

"래리가 왔나 봐."

래리는 두 사람을 축하하는 의미에서 화려한 꽃다발을 건넸다.

"결혼식에 저도 꼭 불러 주십시오."

"후후, 고마워. 꼭 그렇게 할게."

래리는 조의 새침한 얼굴을 보고 조그만 소리로 물었다.

"조, 얼굴 표정이 왜 그래?"

"언니를 다른 사람에게 뺏긴 기분이 들어. 내 반쪽이 없어진 듯한 느낌이야."

"뭘 그렇게 심각하게 생각해? 네 곁에는 내가 있잖아. 메그가 결혼을 하면 난 대학에 진학해 있을 테니, 그 때 외국 여행을 같이 가는 거야. 신나지 않니?"

"글쎄, 미래에 꼭 좋은 일만 있을 것 같지는 않아."

조는 미래를 볼 수 없지만 행복이란 어떤 것인지를 알 것 같았다. 기쁨만이 가득 차 있는 것이 아니라 슬픔과 기쁨이 공존해 가며 이루어진다는 것을 깨달은 것이다.

에미는 아름다운 두 사람, 메그와 브루크 씨의 모습을 그림으로 그리고 싶었다. 베스는 로렌스 할아버지와 웃으며 이야기를 나누고 있었다. 조는 무언가를 골똘히 생각하는 중이었고, 래리는 그 옆에서 가만히 조를 지켜보고 있었다.

작품 알아보기
(장편문학)

〈작은 아씨들〉에는 아름다운 마음을 가진 발랄한 네 자매와 그 주변 사람들에 대한 따뜻한 이야기들이 아주 사실적이고 친근하게 그려져 있다.

마치 가 자매들의 아버지 마치 씨는 종군 목사로 남북 전쟁에 참가하였기 때문에 그들 자매는 어머니와 함께 지낸다. 네 자매 중의 맏딸 메그는 아름답고 침착하면서 화려한 것을 동경한다. 반면 둘째 딸 조는 활발하고 성급하며 문학을 좋아한다. 셋째 딸 베스는 얌전하고 마음이 고와 누구나 좋아하며, 깜찍하고 애교 있는 막내 에미는 미술을 좋아한다. 또 마치 가 옆집에는 고집 센 부자 노인 로렌스가 그의 손자 래리와 가정교사 존 브루크와 함께 살고 있다.

이들이 펼치는 삶의 이야기는 가슴 뭉클한 일상의 감동을 자아낸다.

올콧은 〈작은 아씨들〉이 자신의 가족을 모델로 삼은 것이라고 했다. 실제로 올콧에게는 네 자매가 있었으며, 위에서 설명한 각 자매의 성격들을 그대로 따왔다고 한다.

그 중 활발하고 남성적인 둘째 딸 조는 바로 올콧 자신을 모델로 한 인물이다. 또한 마치 부인의 모습은 올콧의 실제 어머니

작품 알아보기
(장편문학)

의 모습을 그린 것이다.

올콧은 후에 '실제 어머니의 모습을 반도 그려 내지 못했다'고 회상했는데, 작품 속에는 네 자매의 삶을 너그럽고 따뜻한 배려로 보듬어 주는 헌신적인 어머니의 모습이 잘 나타나 있다.

〈작은 아씨들〉은 인간에 대한 따뜻한 시선과 삶을 진지하게 살아가는 사람들의 이야기가 작품 전편에 흐르는 인도주의 정신과 함께 진솔한 감동을 주기 때문에, 오랜 시간이 흘러도 여전히 수많은 독자들의 사랑을 받고 있다. 단순히 재미있는 아동 문학이나 소녀 소설에 머무르지 않는 이유 또한 여기에 있다.

논술 길잡이
(장편문학)

❶ 조는 어느 날 이웃집 소년 래리가 늘 외롭게 홀로 있는 것을
보고 그의 집으로 찾아간다. 원래는 밝고 감성적인 래리가
왜 내성적이고 어둡게 보였는지 그 이유를 써 보자.

....

....

....

....

❷ 평소에 화려한 생활을 동경해 마지 않던 메그는 친구 애니
모펫의 초대로 무도회에 참가하게 된다. 하지만 메그는 그
곳에 모인 사람들을 보고는 화려한 생활에 환멸을 느끼게
된다. 메그가 왜 그렇게 생각하게 되었는지에 대해 써 보자.

....

....

....

....

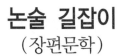

논술 길잡이
(장편문학)

❸ 다음의 내용은 로렌스 할아버지가 마치 가에 찾아와 마치 부인에게 한 말이다. 로렌스 할아버지는 무슨 의도로 이런 이야기를 한 것인지 생각해 글로 써 보자.

> "사용하지 않는 우리 집 피아노를 누군가 다루어 주었으면 하는 바람입니다. 피아노란 그냥 내버려 두면 안 되는 물건이라서……."

논술 길잡이
(장편문학)

❹ 아래 그림은 조가 래리와 스케이트를 타러 간 후, 에미가 쫓아 갔다가 강물에 빠지고 만 사건을 보여 주는 장면이다. 에미는 왜 강에 스케이트를 타러 갔으며, 왜 에미만 강물에 빠지고 말았는지 그 이유를 글로 적어 보자.

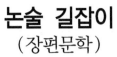

논술 길잡이
(장편문학)

❺ 네 자매는 모처럼 얻은 휴가에 마음이 설레고 실컷 자고 놀고 싶어한다. 이에 마치 부인은 아무것도 안 하고 실컷 게으름을 피울 수 있게 해 준다. 그 결과 어떻게 되었는지 본문에서 찾아 써 보자.

....

....

....

❻ 조는 래리의 친구들과 피크닉을 갔을 때, 래리의 미국 친구와 다투게 된다. 그 때, 조는 자신의 성급히 화를 내는 성격에 주의를 주던 엄마를 생각하고는 순간의 화를 참고 게임을 승리로 이끌게 된다. 이를 통해, 평소 자신의 단점을 뒤돌아보고 그것을 고칠 수 있는 방법을 글로 써 보자.

....

....

....

논술 길잡이
(장편문학)

❼ 아래 글은 조의 인생에 한 전환기를 이룰 만큼 큰 사건의 계기가 되는 일이다. 이 때의 조의 행동은 그녀의 어떤 마음을 나타내는 것인지 글로 적어 보자.

조는 건물 앞에 당도하자 굳은 듯 그 곳에 잠시 서 있었다. 하지만 결심한 듯 건물 안으로 들어가 계단을 올랐다. 한 계단, 두 계단 숨을 들이키며 올라가던 조는 이내 몸을 돌려 다시 뛰어내려왔다.

논술 길잡이
(장편문학)

❽ 어느 날, 아버지가 중태에 빠졌다는 전보가 오고, 마치 부인
은 급히 그 곳으로 떠난다. 이 때 조는 25달러를 마련하여
엄마 앞에 내놓는다. 조가 이 돈을 어떻게 마련했는지와 그
에 대한 식구들의 반응에 대해 써 보자.

....

....

....

....

❾ 네 자매의 성격에 대해 살펴보고, 나의 성격은 누구랑 가장
많이 닮았는지, 어떤 점이 그런지에 대해 써 보자.

....

....

....

....

논·술·세·계·대·표·문·학 〈전60권〉

펴 낸 이	정재상
펴 낸 곳	훈민출판사
주 소	경기도 고양시 덕양구 원당동 416번지
대 표 전 화	(031)962-3888
팩 스	(031)962-9998
출 판 등 록	제395-2003-000042호